Das saugute Kochbuch

Für mein Herzblatt und meine Häschen Jean, Zoé und Basile

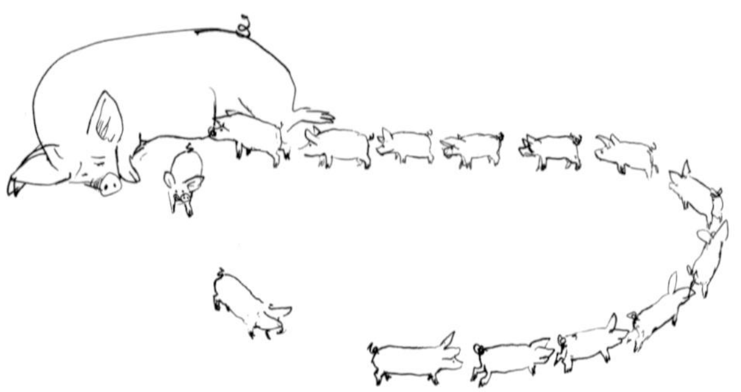

Ein großes Dankeschön an Nioco, dass er meine Schweinereien erduldet hat.

Vielen Dank an meine ganze Mannschaft für ihr Gewurschtel, morgens, mittags und abends.

Vielen Dank an Marie-Pierre für ihr Talent (ach da schau her, da fehlt ja ein Würstchen...), an José für die Wiederbelebung des Schweins und an Emmanuel und ihr Dream-Team für ihr Vertrauen.

Danke Saint-Agrève für meine roten Wangen ...

Stéphane Reynaud

Das saugute Kochbuch

Fotografie
Marie-Pierre Morel

Illustrationen
José Reis de Matos

CHRISTIAN

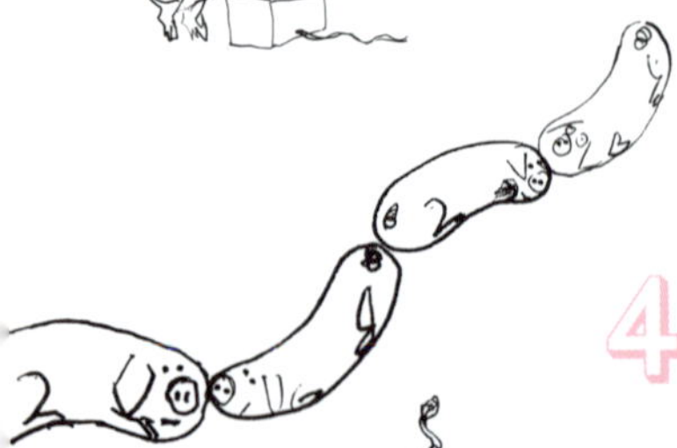

SCHWEIN À LA CARTE

LEGUMES

fumé
zippo
Tatoo

Pépé Barbe

MEIN GROSSVATER, FRANÇOIS BARBE, GENANNT »MILLEZZON«

Mehr als vierzig Jahre waltete er auf dem Dorfplatz seines Amtes als Schlachter, nein, als Doktor der Schlachterei! Er war ein Ass auf seinem Gebiet, »le Pépé«. Kühe, Kälber, Lämmer, Schweine, von Montag bis Sonntag, das war sein Alltag. Sommer wie Winter, acht Tage die Woche war Pépé in seinem Element. Nur nicht zu viel Urlaub – Pépé neigte ein wenig zu allergischen Reaktionen, sobald er sich von Saint-Agrève entfernte. Ihm fehle die gute Luft, wie er immer sagte. Na ja, seine Ausreden, das Dorf nicht einmal für ein paar Tage zu verlassen, waren nicht besonders originell. Doch man verzieh ihm seine allzu durchschaubaren Ausflüchte, schließlich arbeitete Pépé, und das verdiente Respekt!

So ein Tag in der Hauptsaison verlangte Biss. Zimperlich durfte man da nicht sein. Denn Pépé stand früh auf. Verdammt früh! Ein ums andere Mal durchkreuzte er meine Versuche der Langschläferei. Den Schalk im Nacken, die Schürze bereits besudelt, stand er um Punkt sieben in meinem Zimmer und bellte: »Stéphane! Es ist sieben! ... Du kannst also noch zwei Stunden schlafen!!« Lieber Großvater, vielen Dank, dass du mich all die Jahre so gewissenhaft über die Rundreise des Uhrzeigers auf dem Laufenden gehalten hast. Es war Sommer, und da musste man eben zeitig aus den Federn kommen. Übrigens behaupten böse Zungen, sicher vor Neid auf das wunderbare Klima in Saint-Agrève zerfressen, der Sommer bei uns würde nur vom 14. bis zum 15. August dauern. Dagegen muss ich mich ausdrücklich verwahren und ein für alle Mal klarstellen: Er dauert mindestens vom 10. bis zum 15. August!

In der Boucherie war Pépé eine Klasse für sich. Ein schelmisches Lächeln im Mundwinkel beim Anblick der sommerlich bekleideten Feriengäste (vom 10. bis zum 15. August), immer großzügig beim Abwiegen. Wer den Laden betrat, um nur schnell ein, zwei kümmerliche Scheiben Diätschinken zu kaufen, verließ ihn am Ende mit einer Wurst, einer Lammkeule und sechs »caillettes« in der Tasche! »English spoken«, »se habla español«, auch sprachliche Barrieren konnten Pépé nicht bremsen. Er hatte ein besonderes Idiom entwickelt, das Barbanto, eine eigene Interpretation des Esperanto, die nur er selbst verstand. Und so verkaufte er, was er wollte. Ein echter Matador der Ladentheke, dieser Pépé!

Kam der Winter, trotzte er jeder Schneewehe, um die Gegend nach dem zartesten Milchkalb, der schönsten Färse und dem fettesten Schwein zu durchkämmen. Am Lenkrad seines Kastenwagens, den Kopf gesenkt, die Casquette tief in die Stirn gezogen, fräste sich Pépé wie ein Schneepflug durch die Landschaft und stieß zu den entlegensten Höfen vor. War der Hof genommen, wurde erst einmal angestoßen. Keine Verhandlungen ohne ein Gläschen Wein vorweg. Doch Pépé hatte einen kleinen Tick. Er litt Qualen, wenn er aus einem Glas trinken musste, das nicht makellos klar war

oder sogar Spuren eines vorherigen Benutzers trug! Alle wussten das und machten sich einen Spaß daraus. Was für ein Anblick, wenn er schließlich tief durchatmete und das unheilvolle Ding mit schmerzverzerrter Miene an den Mund führte. War auch diese Hürde genommen, konnten die Verhandlungen beginnen. Unnachahmlich, wie er das Vieh inspizierte. Mit kritischem Blick, die Stirn gerunzelt, fand er todsicher einen Makel, mit dem sich der Preis drücken ließ ... in alten Francs wohlgemerkt. Immer wieder mühten sich die Angestellten des Crédit Agricole vergeblich, ihm den nicht unerheblichen Unterschied zwischen alten und neuen Francs zu erklären und dass ihn ein Scheck über 100.000 Francs für ein einziges Schwein ziemlich schnell in den Ruin stürzen würde, es sei denn, das Schwein wäre aus purem Gold. Versprach mir Pépé jedoch 50 Francs für einen Nachmittag Mithilfe, wurden daraus am Ende klägliche 50 Centimes, die ich an mein mageres Sparschwein verfüttern konnte. Gut, dass meine Mutter aufpasste!

Schließlich ging Pépé in den Ruhestand, allerdings nicht, ohne zuvor seine Tricks und Kniffe an seinen Sohn René weiterzureichen, einen würdigen Erben des Barbanto. Es war ein knochenharter Job für meinen Onkel, in die Fußstapfen einer solchen Persönlichkeit zu treten! Immerhin ist ein Pépé im Ruhestand nicht weniger eigensinnig als im aktiven Dienst. Wer geglaubt hatte, er würde seinem Laden Adieu sagen und sich dem wohlverdienten Müßiggang des Rentnerdaseins hingeben, sah sich getäuscht. Schließlich war die Schlachterei sein Leben und so drückte Pépé sich bis zuletzt in einer Ecke der Metzgerei herum, bekrittelte dies und das, wetterte gegen neumodische Maschinen und Vorschriften, schüttelte Hände und hörte nicht auf zu erklären: »Was sollen denn die Leute denken, wenn ich nicht da bin?«

Schlachterei ohne Schlachtbank . . . Die Zeiten änderten sich. Die im Hinterhof des Ladens zusammengepferchten Schweine, die schicksalsergeben auf ihr Ende warteten, verschwanden. Neue Hygienevorschriften verlangten eine klare Trennung von Tierhaltung und Schlachtung, und so verloren die praktische Arbeit und die Atmosphäre in der Schlachterei Barbe viel von ihrem ursprünglichen Reiz. Keine Möglichkeit mehr, wie früher, ein kleines Ferkel vor dem Schafott zu retten. Kaum wandte ich ihm den Rücken zu, hatte seine Stunde geschlagen. Doch ein Tier bleibt ein Tier und man zergeht nicht vor Mitleid über sein Schicksal. Nehmen wir zum Beispiel mein Meerschweinchen Zouzou. Zouzou war putzig, verkroch sich immer in meinem Zimmer in irgendeiner kuscheligen Ecke. Dann kamen die Ferien, es war Februar. Zouzou zur Pflege bei Pépé. Zouzou in einem Kaninchenstall, tiefgefroren, Kerntemperatur -15 °C! Kein sicheres Pflaster für Tiere, die Boucherie Barbe, auch nicht für Katzen. Sobald eine im Dorf verschwand, fiel der Verdacht auf Pépé. Dabei war Toupie schuld, eine ganz gewöhnliche Hauskatze, etwas mollig, handzahm und immer auf der Suche nach einem Flirt. Sie wohnte auf dem Dachboden des Ladens, der schon bald zum Schlupfwinkel für andere Dorfkatzen, Toupies Beute, wurde, eine echte Räuberhöhle.

Schließlich hat uns Pépé Barbe verlassen, um ein Schwätzchen mit den Engeln zu halten. Er ist bestimmt erfreut, Jesu Bekanntschaft zu machen – ein unverhofftes Glück für einen Schlachter –, und erleichtert, festzustellen, dass Saint Pierre nicht nur ein Fisch ist. Fisch auf Pépés Teller, das war wie eine Wurst mit nur einem Ende. Nachdem Pépé gegangen war, führte René sein Handwerk mit gleicher Leidenschaft fort. Wurst- und Fleischwaren füllen auch weiter die Ladenvitrine und ziehen die hungrigen Blicke der Passanten an, die, kaum auf Höhe der Boucherie Barbe angelangt, ein Windhauch von ganz weit her sanft in den Laden schiebt. Wirklich einmalig dieser Pépé. Längst entschwunden, ist er immer noch da!

Mittlerweile sind es bereits 38 Jahre, die ich mich auf dem Hochplateau der Ardèche herumtreibe, genauer gesagt in Saint-Agrève. Ein gutes Plätzchen hat sich meine Mutter da ausgesucht, hier in der Einsamkeit inmitten von Tannenwäldern zur Welt zu kommen. Ein Besuch in Saint-Agrève lohnt sich, ein paar Kurven muss man allerdings nehmen, bevor man mit der reinen Luft in 1.100 Meter Höhe belohnt wird. Wer sich ein wenig Zeit nimmt, will am Ende gar nicht mehr weg.

Stéphane

Schon als kleiner Junge nahm mich mein Großvater Pépé in seinem Kastenwagen mit, wenn er die umliegenden Gehöfte abgraste, unvergessliche Erlebnisse, auch das Schlachten. Dreißig Jahre, nachdem ich das erste Mal beim Schlachten dabei war, hat sich die Tradition der Schlachterei kaum verändert, abgesehen von ein paar unbedeutenden Kleinigkeiten . . .

7 JAHRE

ERSTER SCHLACHTTAG

-12 °C Außentemperatur

1 heiße Schokolade

1 Schwein von 180 kg

2 Bündel Stroh

2 Meter Boudin

2 Butterstullen, 1 heiße Schokolade

60 frische Würste

50 Dauerwürste

1 Frikassee, 2 Gläser Limonade

50 Hackfleischbällchen

20 kg Pâté

8 kg Bratenfleisch

2 Schinken

2 Rollbraten

37 JAHRE

LETZTER SCHLACHTTAG

-12 °C Außentemperatur

2 Gläser Weißwein

1 Schwein von 180 kg

2 Bündel Stroh

2 Meter Boudin

Käse, Pâté, 3 Gläser Weißwein

60 frische Würste

50 Dauerwürste

1 Frikassee, 3 Gläser Rotwein

50 Hackfleischbällchen

20 kg Pâté

8 kg Bratenfleisch

2 Schinken

2 Rollbraten

*

Februar

Saint-Agrève (Hochplateau in der Ardèche)

7 Uhr morgens, -15°C

Agricole + Motoculture + Nutrition Animale

Schlachttag in Saint Agrève

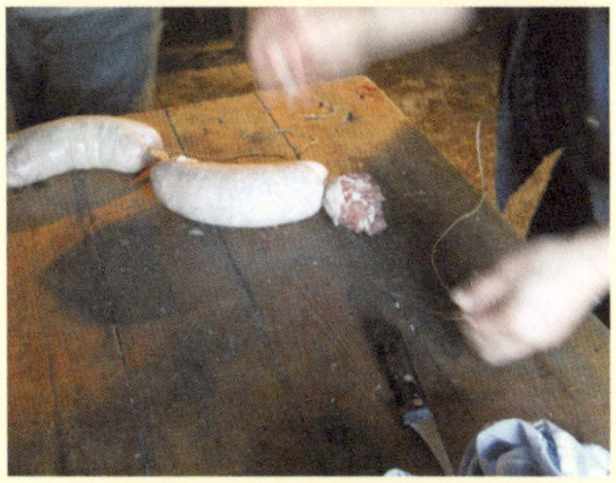

Schlachttag in Saint Agrève

EINE HYMNE AUF DAS SCHWEIN

Der Schlachterei stehen auch weiter rosige Zeiten bevor. Der normierte Einheitsbrei, der heute mehr und mehr um sich greift, hat die Hochplateaus, wichtige Bollwerke einer fest verankerten Tradition, zum Glück noch nicht erreicht. Ein Schwein zu schlachten erfordert strenge Organisation, für Halbheiten oder planloses Improvisieren ist da kein Platz. Das Team formiert sich um den Schlachter, den eigentlichen Chef des Orchesters und Herrscher über die scharfen Klingen. Er führt den Schnitt, spaltet, zerteilt; die anderen entbeinen, lösen aus, parieren, hacken. Nur ein gelegentlicher kräftiger Schluck von einem guten Weißwein und ab und zu ein Stückchen Wurst, die selbst »eingefleischten« Vegetariern den Mund wässrig macht, unterbricht den beständigen Rhythmus der Arbeit. Alles geht Hand in Hand, man teilt, man lebt!

Eric

ZU GAST BEI ERIC? SCHWEIN GEHABT!

Es ist noch ganz klein, gerade mal 3 Wochen alt, wenn sich unser Ferkel im »Hotel zum vollen Trog« einquartiert, um sich voll und ganz seiner Lieblingsbeschäftigung, der Schlemmerei, hinzugeben. Ein Schwein, das frisst, darüber das Schlachtbeil vergisst! Molke, Kartoffeln, Kohl – jeder Tag ist ein Festschmaus, eine veritable 3-Sterne-Mast. Doch das Schweineparadies ist ein vergängliches und das Glück nicht von langer Dauer. Es dient ohnehin nur einem Zweck: Fleisch von bester Qualität, und da kennt sich keiner aus wie Eric. Kein Stress, viel Auslauf und immer reichlich zu fressen, das sind die Zutaten, aus denen ein gutes Schnitzel gemacht ist. Jedenfalls hat sich noch kein Schwein beschwert ...

Aimé

EIN LIEBLICHER NAME FÜR EINEN SCHLACHTER

Er bringt ein ganzes Arsenal von Maschinen zum Schnurren, seine Klinge ist scharf und berüchtigt. Seit mehreren Jahrzehnten hallt sein Name wie ein niedersausendes Fallbeil über die Höhen des Plateaus, ein Damoklesschwert, das drohend über den ahnungslosen Schweinen schwebt – und erbarmungslos seinen Blutzoll fordert! Mit der Präzision eines Chirurgen zerlegt der König der Klingen und Meister des Verwurstens an einem einzigen Vormittag ein ganzes 180-Kilo-Schwein in die komplette Auslage einer Metzgerei. Nichts bleibt dem Zufall überlassen, wenn sich Aimé über einen Berg Fleisch hermacht. Er arbeitet wie ein Schweizer Uhrwerk. Gewissenhaft und äußerst präzise zerteilt er das Tier in null Komma nichts (die einzig unschweizerische Tugend), trennt Netz und Innereien heraus, zerlegt Stück für Stück, spaltet, entbeint, pariert, hackt, verschnürt ... nur ab und zu hält er kurz inne, wenn er mit schnalzender Zunge die Qualität eines gut gekühlten Weißen prüft.

*

Ricoré
COFNA

Für eine komplette Großfamilie

6 l Schweineblut
3 kg frisches Bauchfett (Flomen)
1 kg Crème fraîche
3 kg Zwiebeln, gehackt
30 ml Branntwein (Cognac, Marc …)
2 Prisen Zucker
6 Prisen Quatre-épices (Gewürzmischung aus Zimt, Nelke, Muskatnuss und Pfeffer)
Einige Meter Schweinedärme
100 g Schweineschmalz
120 g Salz

Wie Boudin gemacht wird

Die Zwiebeln mit 1 kg des Bauchfetts auf kleiner Flamme garen, bis sie fast zu einem Brei zerfallen sind.

Das restliche Bauchfett in kleine Würfel schneiden, unter die geschmolzenen Zwiebeln rühren und bis zur Hälfte auslassen. Die Crème fraîche, den Branntwein, die Gewürzmischung sowie Zucker und Salz zugeben. Nach und nach das Schweineblut in die Mischung gießen und dabei beständig rühren, damit es nicht gerinnt.

Die Masse mit einem Trichter in die Schweinedärme einfüllen (vorsichtig, dass sie nicht reißen). Die Därme abdrehen und in 80 °C heißem Wasser 10 Minuten gar ziehen.

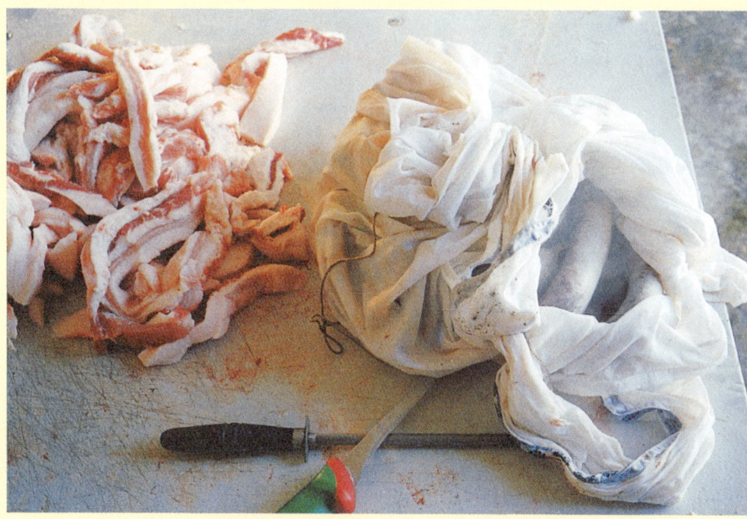

Die Boudins aus dem heißen Wasser nehmen, kurz abkühlen lassen und mithilfe eines Tuchs mit Schweineschmalz einfetten.

Dies ist ein traditionelles Boudinrezept, dem Sie je nach Geschmack und Fantasie Ihre ganz persönliche Note verleihen können, zum Beispiel mit zerstoßenen Kastanien, Äpfeln, »piment d'Espelette« (Chiliflocken) oder Anissamen ...

Prüfen Sie unbedingt, ob der Darm unversehrt ist (hineinblasen, wie bei einem Luftballon), bevor Sie die Masse in den Trichter füllen.

Blachou und Florette

UNZERTRENNLICHES GESPANN UND UNVERZICHTBAR AN EINEM SCHLACHTTAG

Früh am Morgen, in der ersten Dämmerung des Tages, tauchen sie auf, wie aus dem Nichts. Blachou, eine Mütze auf dem Kopf, die brennende Selbstgedrehte im Mundwinkel, Florette, runder Bauch, geformt von vielen Beutehappen vergangener Schlachtfeste, die Schnauze dicht über dem Boden, um die besondere Witterung des Moments aufzunehmen. Auf sie ist Verlass, wenn es einem Schwein an den Kragen geht, das zu dieser Stunde, noch ahnungslos über sein bevorstehendes Schicksal, von einem Berg riesiger Kartoffeln träumt. Ein schlummerndes Schwein träumt von nichts als Kartoffeln – und wird im Schlaf fett! Doch die süße Vision ist flüchtig, denn schon naht Blachou. Er kennt kein Pardon, schreitet zur Tat und ... ausgeträumt. Ruhig und gelassen entbeint und zerteilt Blachou, während Florette gierig nach ihrem Anteil schnappt.

*

SAINT-AGRÈVE MORGENS UM 10 UHR: BROTZEIT

Ein Mensch ohne Messer fällt irgendwann vom Fleisch!
Am Schlachttag darf man nie sein Messer vergessen, um einen Kanten Brot, eine Scheibe Wurst oder ein Stück Ziegenkäse abzuschneiden! Ohne Messer steht man ziemlich dumm da!

Pierre und Charlou

UNZERTRENNLICHES BRUDERPAAR AUS SAINT-JEAN-ROURE

Sie sind die leibhaftige Verkörperung des ländlichen Lebens. Treue und willkommene Gäste an jedem Schlachttag, immer umsichtig und aufmerksam (niemand muss verdursten!). Pierre und Charlou sind wie zwei Eichen, die schon immer da waren. Der eine ist ohne den anderen nicht vorstellbar und der andere nicht ohne den einen.

Die Zeit scheint spurlos an ihnen vorüberzugehen. Nichts kann sie aus der Ruhe bringen. Sie sind nicht bloß ein Teil dieser Gegend, sie sind das Urgestein!

*

ZUM SCHLACHTTAG GEHÖRT DER »DAUPHINÉ«

Am Schlachttag darf der »Dauphiné libéré«, unser Regionalblatt, nicht fehlen. Ganz wie das Schwein wird die Zeitung restlos ausgeschlachtet, zerpflückt und verschlungen. Jeder Bericht wird kritisch unter die Lupe genommen und mit spitzen Bemerkungen und vollmundigen Kommentaren gewürzt. Echte »Dauphinésier« fühlen sich dabei ganz besonders mit ihrer Heimat, dem Hochplateau, verbunden.

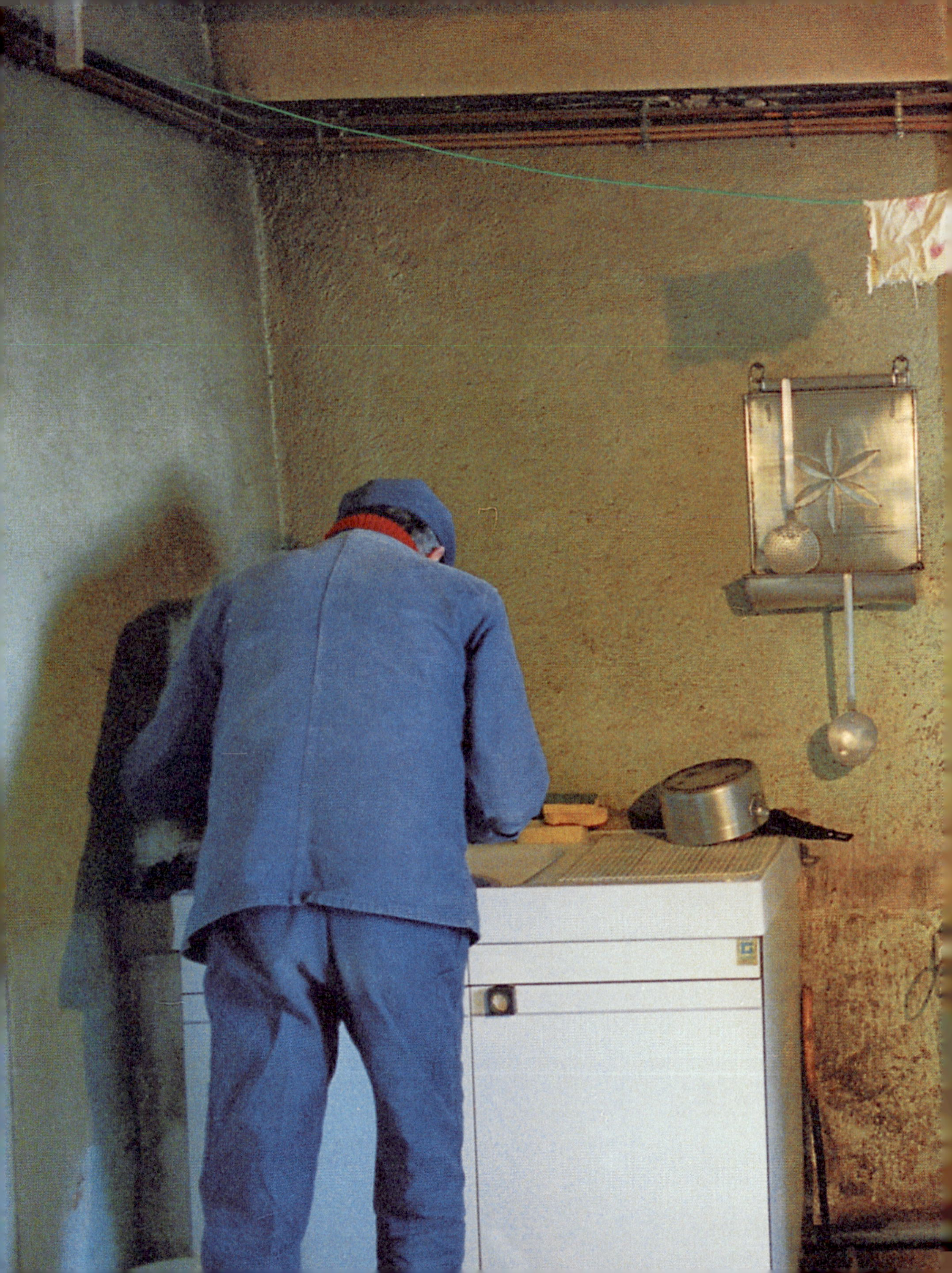

DIE MITTAGSPFANNE, DAS FRIKASSEE

Dann kommt die Stunde, wenn die Frauen die Kinder von der Schule abholen und gemeinsam mit den Männern zu Mittag essen. Kein magenfreundliches Möhrengemüse, kein gedämpfter Fisch, der die Problemzonen schont. Sondern deftige Hausmannskost, ein Feuerwerk der Kalorien, das die Lebensgeister weckt und rote Wangen macht, das einen bei Laune und auf den Beinen hält, bis am Abend die Arbeit getan ist.

Ein kleiner Kurs in Anatomie

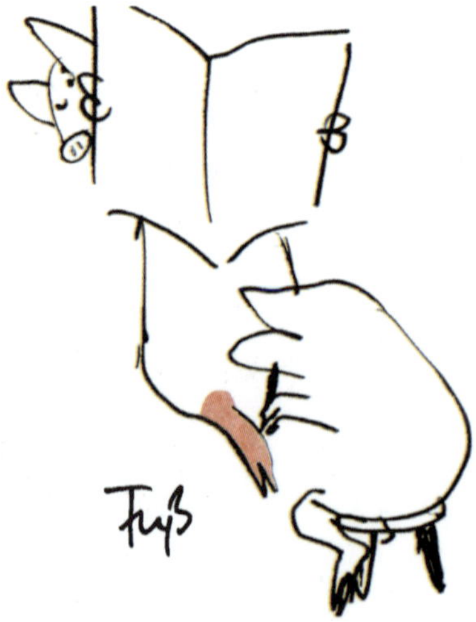

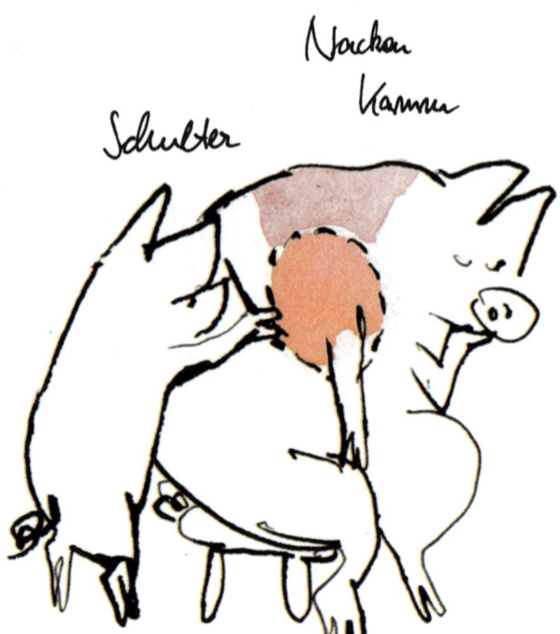

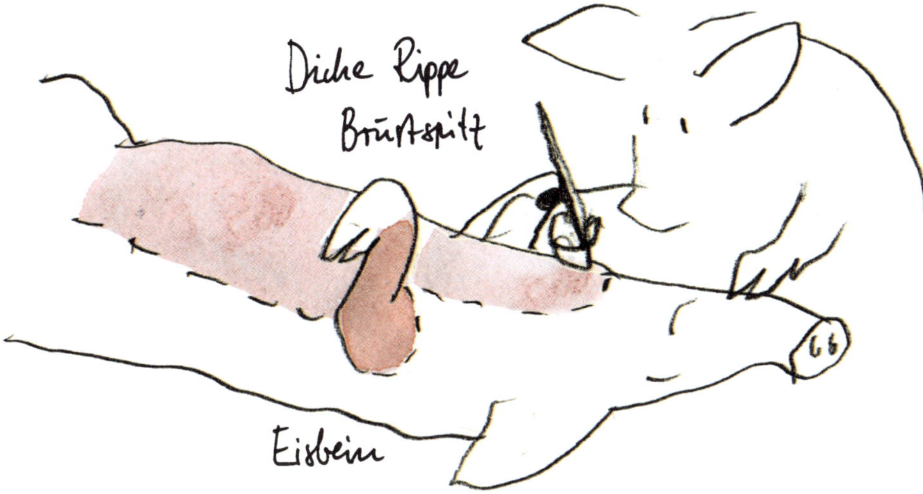
Dicke Rippe
Brustspitz
Eisbein

Sattelstück

Haxe
ana
TOMMY

Schulter
Schaufelstück

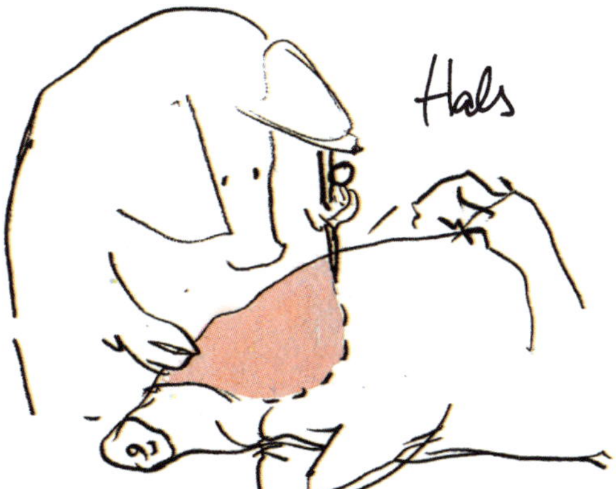
Hals

Rezepte mit Blutwurst

Das Frikassee in der Pfanne

VORBEREITUNG: 20 MINUTEN
GARZEIT: 20 MINUTEN

FÜR 6 PERSONEN

800 g Blutwurst (Boudin noir)
100 g frisches Bauchfett (Flomen), ersatzweise Schmalz oder Butter
200 g Schweineleber
2 Schweinenieren
200 g Schweineherz
2 große gelbe Zwiebeln
6 fest kochende Kartoffeln
1 Bund Petersilie
3 Knoblauchzehen
Salz und frisch gemahlener Pfeffer

Die Zwiebeln und die Kartoffeln schälen. Die Zwiebeln fein hacken, die Kartoffeln in dünne Scheiben schneiden. Die Leber, die Nieren und das Herz grob würfeln.

Das Bauchfett in einer großen Pfanne auf kleiner Flamme auslassen. Die Zwiebeln und Kartoffeln darin etwas Farbe nehmen lassen. Dabei immer wieder behutsam wenden. Die gewürfelten Innereien zugeben, salzen, pfeffern und ebenfalls rundherum anbraten. Zuletzt die Blutwurst einlegen und so lange mitgaren, bis sie durch und durch heiß ist. Die Pfanne von der Kochstelle nehmen.

Das Frikassee mit gehackter Petersilie und gehacktem Knoblauch bestreuen und in der Pfanne servieren.

Blutwurst mit herbstlichen Früchten

VORBEREITUNG: 10 MINUTEN
GARZEIT: 10 MINUTEN

FÜR 6 PERSONEN

800 g Blutwurst (Boudin noir)
8 Schalotten
8 Knoblauchzehen
200 ml Milch
10 g Instant-Kalbsfond
200 ml trockener Weißwein
400 g Maronen (ungesüßt aus der Dose oder aus dem Vakuumpack)
100 g Walnusskerne
300 ml Sahne
Olivenöl
Salz und frisch gemahlener Pfeffer

Die Schalotten schälen und ganz lassen. Den Knoblauch schälen und in der Milch einige Minuten garen, bis er weich ist. Die Schalotten in einer Pfanne oder Sauteuse in etwas Olivenöl glasig werden lassen. Den Kalbsfond in dem zuvor erhitzten Weißwein auflösen. Die Mischung über die Schalotten gießen und ein wenig reduzieren lassen. Die Knoblauchmilch, die Maronen und die Walnüsse einrühren und zuletzt die Sahne zugießen. Mit Salz und Pfeffer würzen und einkochen lassen, bis die Sauce von sirupartiger Konsistenz ist.

Die Haut der Blutwurst abziehen. Die Würste der Länge nach halbieren und in der Pfanne braten. Auf jedem Teller 2 Wursthälften anrichten, mit der Sauce überziehen und servieren.

Blutwurst mit herbstlichen Früchten

VORBEREITUNG: 15 MINUTEN
GARZEIT: 15 MINUTEN

FÜR 6 PERSONEN

800 g Blutwurst (Boudin noir)
6 feste Birnen
6 kleine Äpfel (vorzugsweise Goldparmäne)
3 Quitten
100 g frisches Bauchfett (Flomen)
2 Prisen Zimt
100 g Maronen (aus dem Vakuumpack oder aus der Dose)
2 EL Zucker
2 EL Calvados
Salz und frisch gemahlener Pfeffer

Die Birnen schälen. Die Äpfel halbieren und entkernen. Das Kerngehäuse der Quitten mit einem Apfelausstecher sorgfältig entfernen. Die Früchte nach Belieben in Stücke schneiden.

In einer Pfanne die Hälfte des Bauchfetts auf ganz kleiner Flamme auslassen. Die Quitten zugeben und von jeder Seite etwa 10 Minuten sanft garen, bis sie Farbe angenommen haben.

Die Birnen mit dem Zimt bestreuen und zu den Quitten in die Pfanne geben. Dann die Äpfel hinzufügen.

In einer zweiten Pfanne die Blutwurst in dem restlichen Schweinefett erhitzen und warm stellen. Sobald die Früchte weich werden, den Zucker und die Maronen zugeben und karamellisieren lassen. Mit dem Calvados flambieren und mit Salz und Pfeffer abschmecken.

Die Blutwurst mit den geschmorten Früchten und etwas von ihrem Saft servieren.

Blutwurstauflauf mit karamellisierten Zwiebeln

VORBEREITUNG: 30 MINUTEN
GARZEIT: 30 MINUTEN

FÜR 6 PERSONEN

800 g Blutwurst (Boudin noir)
800 g mehlig kochende Kartoffeln
150 g mild gesalzene Butter
1 TL frisch geriebene Muskatnuss
6 gelbe Zwiebeln
100 g durchwachsener Speck, in Streifen geschnitten
100 g Haselnusskerne
1 Bund Estragon
2 Zwiebackscheiben, zerbröselt
Olivenöl
Salz und frisch gemahlener Pfeffer

Die Kartoffeln schälen und in Salzwasser kochen, bis sie ganz weich sind. Mit einer Gabel zerdrücken und dabei die Butter und die geriebene Muskatnuss einarbeiten. Mit Salz und Pfeffer abschmecken. Die Zwiebeln schälen, in Streifen schneiden und in etwas Olivenöl glasig schwitzen. Den Speck und die Haselnusskerne zugeben und Farbe nehmen lassen. Behutsam weitergaren, bis die Zwiebeln ganz weich sind. Zuletzt den abgezupften Estragon untermengen.

Die Blutwurst pellen, in 1 cm dicke Scheiben schneiden und in der Pfanne braten.

Die Hälfte des Kartoffelpürees in eine Auflaufform füllen und glatt streichen. Die Zwiebeln darauf verteilen und mit den gebratenen Blutwurstscheiben belegen. Zuoberst mit einer Schicht Kartoffelpüree abschließen.

Den Auflauf gleichmäßig mit dem zerbröselten Zwieback bestreuen und im vorgeheizten Ofen bei 180 °C backen, bis die Oberfläche goldbraun ist.

Blutwurst-Tarte mit Äpfeln, Kartoffeln und Fenchel

VORBEREITUNG: 30 MINUTEN
GARZEIT: 20 MINUTEN

FÜR 6 PERSONEN

400 g Blutwurst (Boudin noir)
3 Schalotten
4 EL Crème fraîche
4 fest kochende Kartoffeln
2 Äpfel (vorzugsweise Goldparmäne)
1/2 Fenchel
100 g geräucherter durchwachsener Speck ohne Schwarte, in Streifen geschnitten
1 Paket Blätterteig (Fertigprodukt)
1 Hand voll Rucola
Olivenöl
Salz und frisch gemahlener Pfeffer

Die Schalotten schälen, in dünne Scheiben schneiden und mit der Crème fraîche vermengen. 1 Esslöffel Olivenöl unterrühren und mit Salz und Pfeffer würzen.

Die Kartoffeln schälen, in kochendem Salzwasser bissfest garen und in feine Scheiben schneiden. Die Äpfel schälen, entkernen und ebenfalls in Scheiben schneiden. Die Apfelscheiben in der Pfanne in etwas Olivenöl sautieren, bis sie rundherum Farbe angenommen haben. Den Fenchel putzen und in sehr feine Streifen schneiden. Den Speck in der Pfanne goldbraun rösten. Die Blutwurst pellen und in dünne Scheiben schneiden.

Den Blätterteig kreisrund ausrollen, in eine Tarteform oder auf ein Backblech legen und etwa 2 Esslöffel der Schalottencreme darauf verstreichen. Mit den Fenchelstreifen und dem gebratenen Speck bestreuen. Dann abwechselnd mit den Blutwurstscheiben, den Kartoffeln und den Äpfeln belegen und zuletzt mit der restlichen Schalottencreme überziehen.

Die Tarte 20 Minuten im vorgeheizten Ofen bei 180 °C backen.

Den Rucola auf der noch heißen Tarte verteilen und mit etwas Olivenöl beträufeln.

Crostini mit Blutwurst, Birnen und Roter Bete

ZUBEREITUNG: 15 MINUTEN

ERGIBT 12 CROSTINI

200 g Blutwurst (Boudin noir)
2 Knoblauchzehen
3 Birnen
10 g Butter
1 Rote Bete, gegart
12 Scheiben helles Landbrot
Schnittlauch zum Garnieren
Olivenöl

Den Knoblauch schälen, grob hacken und in etwas Olivenöl rösten. Die Zehen herausnehmen und wegwerfen. Das aromatisierte Öl zurückbehalten.

Die Birnen schälen, in je 8 Stücke schneiden und in einer Pfanne auf kleiner Flamme in der Butter goldbraun werden lassen. Die Rote Bete in feine Streifen schneiden. Die Brotscheiben in dem Knoblauchöl rösten. Die Blutwurst in 5 mm dünne Scheiben schneiden und in Olivenöl braten.

Die gerösteten Crostini mit jeweils 2 Stückchen Birne, etwas Roter Bete und einer Scheibe Blutwurst belegen. Mit einigen Schnittlauchhalmen garnieren und servieren.

Das Einmaleins der Würste

WURST

WAS IST DAS?

Wurst ist eine mehr oder weniger fein zerkleinerte Fleischmischung, meist aus fettem und magerem Schweinefleisch, die je nach Gusto des Herstellers gewürzt und in eine Darmhülle gefüllt wird. Das Würzen spielt die wichtigste Rolle bei der Zubereitung der Füllung. Das verrät in vielen Sprachen bereits der Name. Das französische »saucisse« beziehungsweise »saucisson« wie auch das englische »sausage« und das italienische »salame« leiten sich vom lateinischen »salsus« – »gesalzen« – ab.

WELTSPRACHE WURST

Alle Länder und Regionen haben ihre eigenen Spezialitäten, so auch Frankreich, Würste, die nach einem ganz besonderen, traditionellen Rezept hergestellt werden und einen eigenen Namen tragen, von der Diot Savoyard (geräucherte Schweinswurst aus Savoyen) bis zur Saucisse de Toulouse (milde Schweinswurst ländlicher Art), von der Knack aus Straßburg (ähnlich der Frankfurter) bis zur Saucisse de Montbéliard (geräucherte Brühwurst, ähnlich der Morteau, aber kleiner und weniger fett). Mit der Wurst ist es wie mit dem Käse, sie hat von Region zu Region ihren ganz individuellen Charakter: pikant gewürzt oder geräuchert, grob gehackt oder fein gekuttert, natur oder mit Kräutern, aus reinem Schweinefleisch oder mit anderen Fleischsorten gemischt – jede Wurst spiegelt das individuelle Können des Wurstmachers.

Wurst ist natürlich keine rein französische Domäne. Jedes Land hat seinen eigenen Reichtum an Würsten, die ein fester Bestandteil der National- und Regionalküchen und des kulinarischen Erbes sind.

Allein in Deutschland gibt es 1.500 Wurstsorten, darunter das berühmte Frankfurter Würstchen, eine Ikone für jeden Hotdog-Fan und auch jenseits des Atlantiks ein echter Weltstar unter den Würsten.

Die Engländer essen bereits zum Frühstück Grillwürstchen mit gebackenen Bohnen, die berühmte spanische Chorizo hat mit ihrer pikanten Würze schon lange den internationalen Gaumen erobert, und auch Italien und Ungarn leisten ihren Beitrag mit zahllosen hervorragenden Salamis ...

Eine detaillierte und erschöpfende Beschreibung der unzähligen Wurstsorten dieser Welt würde eine mehrbändige Enzyklopädie füllen.

Die Kunst des Wurstens

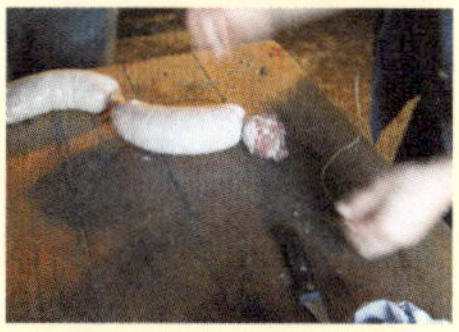

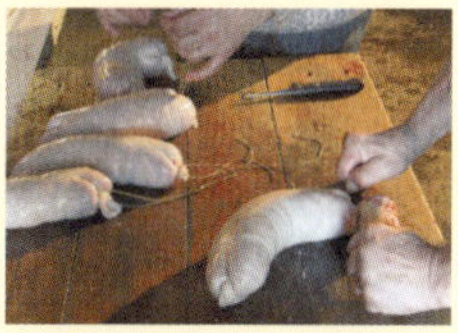

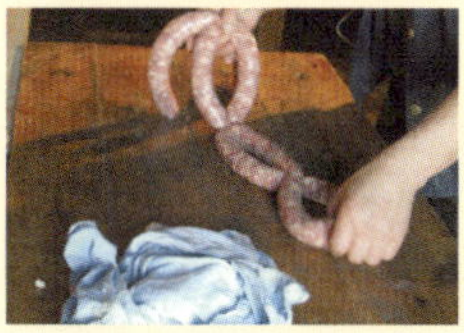

Die Kunst des Verwurstens

3 ARTEN FRISCHER WÜRSTE FÜR JEDEN ZWECK

WÜRSTE ZUM GRILLEN UND BRATEN

Godiveau	Dünner Darm, 20 cm lang, fein gekuttert
Chipolata	Dünner Darm, 20 cm lang, fein gekuttert, häufig mit Kräutern
Paysanne	Mittlerer Darm, 15 cm lang, grob gekuttert
Toulouse	Mittlerer Darm, 15 cm lang, fein gekuttert

*

WÜRSTE ZUM KOCHEN

Paysanne	Mittlerer Darm, 15 cm lang, grob gekuttert
Frankfurter/Wiener	Dünner Darm, 15 cm lang, sehr fein gekuttert, manchmal geräuchert
Straßburger Knack	Dünner Darm, 15 cm lang, sehr fein gekuttert, auch aus Rindfleisch, häufig rötlich gefärbt
Cervelas	Dicker Rinderdarm, 25 cm lang, fein gekuttert, manchmal mit Trüffeln und Pistazien, wird in Scheiben serviert
Montbéliard	Dünner Darm, 15 cm lang, fein gekuttert, geräuchert, mit Schalotten und manchmal mit Kreuzkümmel
Morteau	Dicker Darm, 25 cm lang, grob gekuttert, geräuchert, mit einer Rebranke verschnürt

*

STREICHWÜRSTE

Strichtwurscht	Elsässisches Pendant zur klassischen Teewurst, feine geräucherte Farce, mit Kümmel und Paprika gewürzt, auch mit Schweineleber (»Lewerwurscht«)
Sobressada	Dicker Rinderdarm, feine Farce mit groben Stücken, mit Paprika gewürzt

*

Anmerkung der Redaktion: In den Übersichten auf den Seiten 64–69 sowie in den folgenden Rezepten werden häufig die französischen Wurstnamen beibehalten, da es keine genauen Entsprechungen für die französischen Wurstsorten gibt. Wegen der regionalen Unterschiede innerhalb des deutschen Sprachraums (etwa die unterschiedliche Bedeutung von »Kochwurst« und »Mettwurst« in Nord- und Süddeutschland) konnten oft auch keine ähnlichen Sorten als Ersatz genannt werden. Eine Beschreibung der französischen Wurstsorte soll jedoch bei der Ersatzauswahl behilflich sein. Bezugsquellen für französische Wurstwaren sind auf Seite 368 zu finden.

Toulouser Wurst

Montbéliard

Die »echte« Morteau

Landjäger (Gendarmes)

Schnäuzle, Oink! Oink!

Teewurst (Strichtwurscht)

Frankfurter

Würste zum Kochen

Bauernwurst (Paysanne)

DAUERWÜRSTE & CO.

»Und wie wird man eine ausgewachsene Dauerwurst?«,
fragte ein noch nicht von der Reife zerfurchtes Würstchen.

Die französische Typologie der Würste unterscheidet grob zwischen »Saucisses«, kleinen, frischen Würsten zum Braten, Grillen und Kochen, und »Saucissons«, schnittfesten, gereiften Dauerwürsten, häufig luftgetrocknet. Letztere erfreuen sich großer Beliebtheit, da sie gut haltbar sind und sich leicht verarbeiten lassen. Außerdem sind sie ein idealer, nahrhafter Snack für zwischendurch, denn sie enthalten viel Eiweiß und Fett.

HERSTELLUNG

Die Herstellung von Dauerwürsten unterscheidet sich zunächst nicht von der anderer Würste. Rohes Fleisch und Speck werden zerkleinert und in einen Naturdarm gefüllt. Dies ist das Ausgangsprodukt für die sich anschließende Fermentation. Und hierin liegt der Unterschied. Die Hartwurst verdankt ihre Metamorphose der malolaktischen Gärung, die häufig durch einen 24-stündigen Aufenthalt im 25 °C warmen Trockenraum begünstigt wird. Sobald sie diesen wieder verlassen hat, sorgen Mikroorganismen bei der anschließenden Reifung auf ganz natürliche Weise für die Entwicklung und Konzentration der Aromen.

REIFUNG & TROCKNUNG

Das Reifen und Trocknen der Würste ist von entscheidender Bedeutung. Dabei gilt es, das Tempo des Trockenvorgangs ganz exakt zu regulieren. Verdunstet das in der Wurst enthaltene Wasser zu schnell, bildet sich eine Kruste, die die restliche Feuchtigkeit am Entweichen hindert. Trocknet die Wurst zu langsam, bildet die Wurst eine klebrige Haut, die ebenfalls die Verdunstung des verbliebenen Wassers hemmt.

Die eigentliche Arbeit der Geschmacksbildung erledigen lebende Mikroorganismen. Sie sorgen dafür, dass sich die Aromen entwickeln und die Wurst reift wie ein guter Wein. Je nach Größe und Form der Wurst dauert die Trockenphase 5 bis 8 Wochen. Vor allem aber bestimmt der Geschmack des Verbrauchers über die Dauer der Trocknung (und natürlich die Finanzlage des Wurstmachers, je unreifer die Wurst, desto mehr bringt sie auf die Ladenwaage!). Luftgetrocknete Wurst hat nach der Reifung 20 Prozent ihres ursprünglichen Gewichts verloren.

ANDOUILLE, ANDOUILLETTE (KUTTELWURST)

Komplettiert wird die artenreiche Familie der französischen Würste durch zahllose andere Zubereitungsvarianten, darunter die Andouille und Andouillette. Erstere ist eine Schlackwurst aus Kutteln, die zunächst kalt geräuchert und dann getrocknet wird. Die bekanntesten kommen aus Vire in der Normandie und Guémené in der Bretagne. Grundlage für Andouillettes sind Kutteln und Gekröse. Gegessen werden sie oft gegrillt. Und dann sind da ja auch noch die Salami aus Ungarn, aus Dänemark ..., die Mortadella aus Italien ...

*

Jésus

DIE FAMILIE DER DAUERWÜRSTE

Rosette	In Frankreich sehr verbreitete Wurst, ähnlich einer Salami, in der Form einer Spindel, 40–50 cm lang, 800–1200 g schwer, mittlere Körnung, 8 Wochen Trockenzeit
Jésus	Großkalibrige getrocknete Rohwurst aus der Franche-Comté, 30 cm lang, etwas rundlich, 900–1300 g schwer, mittlere Körnung, 8–10 Wochen Trockenzeit
Saucisson	Rohwurst im Krausdarm, 20–25 cm lang, meist grobe Körnung, 300–500 g schwer, 6 Wochen Trockenzeit
Lorraine	Luftgetrocknet im Naturdarm, bis zu 50 cm lang in U-Form, mittlere Körnung, 2–3 Wochen Trockenzeit
Salami	Im Krausdarm, feine Körnung mit relativ hohem Fettanteil, 800–1500 g schwer, gekocht oder luftgetrocknet
Mortadella	Dicker Kunst- oder Naturdarm, sehr feine Körnung, mit fetten Speckwürfeln gegart, manchmal mit Wein und Pistazien veredelt und mit Koriandersamen gewürzt, bis zu 3 kg schwer
Chorizo	Pikante spanische Wurst, länglich oder U-förmig, mittlere Körnung, mit Paprika und Knoblauch gewürzt

*

Coppa

Salami

Lorraine

Andouille de Guémené

Andouille de Vire

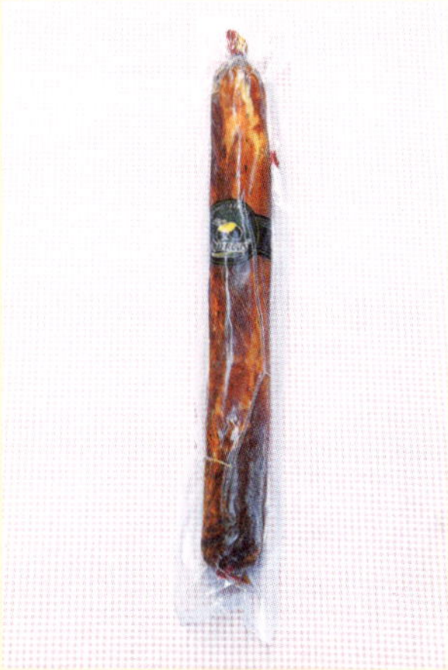

Lomo

Cacciatori

Chorizo

Gegen den Hunger zwischendurch

Rezepte mit Wurst

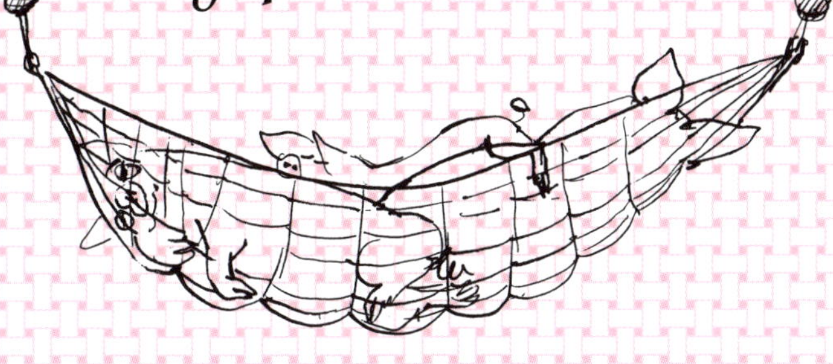

Wurst-Cassoulet

EINWEICHZEIT DER BOHNEN: 24 STUNDEN
VORBEREITUNG: 15 MINUTEN
GARZEIT: 4 STUNDEN

FÜR 6 PERSONEN

6 Bauernwürste (»paysannes«) oder andere würzige, grobe, geräucherte Würste zum Kochen oder Braten
400 g getrocknete weiße Bohnen (vorzugsweise Perlbohnen)
1 Zwiebel
1 Möhre
3 Knoblauchzehen
2 Lorbeerblätter
100 g frische Schweineschwarte
1 l trockener Weißwein
1 EL Instant-Kalbsfond
6 vollreife Tomaten, enthäutet
2 Scheiben Zwieback, zerbröselt
100 g Entenschmalz

Am Vortag die Bohnen in reichlich kaltem Wasser einweichen. Die Zwiebel, die Möhre und den Knoblauch schälen.

Die Bohnen in kochendes Wasser geben. Die Zwiebel, die Möhre, den Knoblauch und die Lorbeerblätter untermengen und 2 Stunden garen. Die Bohnen abgießen, die Garflüssigkeit auffangen und beiseite stellen.

Die Bohnen in eine ofenfeste Form oder einen Steinguttopf geben. Die Schwarte in Streifen schneiden und mit den Bohnen vermengen. Den Wein zugießen und mit der Bohnenbrühe auffüllen. Den Kalbsfond einrühren und die geviertelten Tomaten zugeben. Die Würste mit einer Gabel mehrfach einstechen, ebenfalls einlegen und das Ganze 2 Stunden im vorgeheizten Ofen bei 160 °C garen. (Bei Bedarf zwischendurch noch etwas Bohnenbrühe zugießen).

Das Wurst-Cassoulet kurz vor dem Servieren mit den Zwiebackbröseln bestreuen, mit dem zerlassenen Entenschmalz beträufeln und kurz unter den Grill schieben, bis sich eine goldene Kruste gebildet hat.

Frische Schwartenwurst mit Rahmerbsen

VORBEREITUNG: 15 MINUTEN
GARZEIT: 2 STUNDEN 30 MINUTEN

FÜR 6 PERSONEN

1 frische Schwartenwurst (etwa 800 g)
1 Zwiebel
1 Stange Lauch
500 g getrocknete Erbsen
1 Sträußchen Koriandergrün
3 frische Thymianzweige
1 EL Instant-Kalbsfond
200 ml Sahne

Die Zwiebel schälen, den Lauch putzen und waschen. Die getrockneten Erbsen in reichlich kochendes Wasser geben. Die Zwiebel, den Lauch, das Koriandergrün und den Thymian hinzugeben und alles 2 Stunden garen. Nach der Hälfte der Garzeit die Wurst einlegen und den Kalbsfond unterrühren.

Die Wurst herausheben und beiseite legen. Die Erbsen abgießen, die Garflüssigkeit auffangen. Das Gemüse und die Kräuter entfernen und wegwerfen. Die Erbsen in einem Schmortopf wieder mit der Brühe bedecken und die Sahne zugießen. Die Wurst einlegen und weitere etwa 30 Minuten behutsam garen.

Die Wurst der Länge nach einschneiden und mit den Rahmerbsen im Topf servieren. Das sehr weiche Brät wird mit einem Löffel aus der Wurst herausgelöst.

Geschmorte Montbéliard-Würste mit Gemüse und Thymian

VORBEREITUNG: 20 MINUTEN
GARZEIT: 60 MINUTEN

FÜR 6 PERSONEN

6 Montbéliard-Würste (feine geräucherte Würste, oft mit Kreuzkümmel gewürzt)
2 Auberginen
6 Tomaten, enthäutet
4 Zucchini
3 große Zwiebeln
6 frische Thymianzweige
4 Lorbeerblätter
6 Knoblauchzehen
200 ml trockener Weißwein
100 ml Olivenöl
20 g Butter
Salzblüte (Fleur de sel)

Sämtliches Gemüse in dünne Scheiben schneiden und diese in einem Schmortopf senkrecht aneinander reihen. Den Thymian abzupfen und mit dem Lorbeer und dem grob gehackten Knoblauch über dem Gemüse verteilen. Mit dem Wein und dem Olivenöl übergießen und die Butter in Flocken darübergeben. Die Würste mit einer Gabel mehrfach einstechen und auf das Gemüsebett legen, sodass das austretende Fett auf das Gemüse tropft.

Den Topf verschließen und 1 Stunde im vorgeheizten Ofen bei 160 °C garen. Das Gemüse sollte schön zart sein. Vor dem Servieren mit Salzblüte bestreuen.

Wurstscheiben mit Kräutermarinade und warmem Linsensalat

VORBEREITUNG: 15 MINUTEN
GARZEIT: 40 MINUTEN

FÜR 6 PERSONEN

2 große, grobe Würste zum Kochen
500 g Puy-Linsen (oder kleine grüne Linsen)
1 Bouquet garni
50 g durchwachsener geräucherter Speck, in Streifen geschnitten
1 TL Dijon-Senf
1 Spritzer Balsamico-Essig
100 ml Walnussöl
1 Schalotte
3 Zweige Estragon
Salz und frisch gemahlener Pfeffer

FÜR DIE MARINADE

6 Schnittlauchhalme
2 Zweige Estragon
1 Schalotte
1 EL gehackte Haselnusskerne
100 ml Walnussöl

Für die Kräutermarinade den Schnittlauch in Röllchen schneiden, den Estragon, die Schalotte und die Haselnusskerne fein hacken und mit dem Walnussöl gründlich verrühren.

Die Linsen in reichlich kochendes Wasser geben, das Bouquet garni und die Würste einlegen und 40 Minuten auf kleiner Flamme garen.

Eine Vinaigrette zubereiten: Den Speck in der Pfanne rösten und mit dem Senf, dem Balsamico-Essig und dem Walnussöl verrühren. Mit Salz und Pfeffer abschmecken.

Die Linsen abgießen und abspülen. Mit der vorbereiteten Vinaigrette, der gehackten Schalotte und dem Estragon vermengen.

In der Tellermitte einen kleinen Berg Linsensalat aufschichten und mit Scheiben der warmen Wurst umlegen. Die Wurstscheiben mit der Kräutermarinade überziehen und das Gericht servieren.

Lyoner im Brioche-Teig

VORBEREITUNG: 20 MINUTEN
RUHEZEIT: 30 MINUTEN
BACKZEIT: 40 MINUTEN

FÜR 6 PERSONEN

1 grobe Lyoner Fleischwurst (oder 1 feine Lyoner)
4 Eier
300 g Mehl
1 Päckchen Backpulver
200 ml Sahne
100 ml Milch
50 g Pistazienkerne
50 g Speckwürfel, geröstet

Die Eier gründlich verschlagen. Das Mehl und das Backpulver sieben und nach und nach mit dem verschlagenen Ei vermengen. Die Sahne und die Milch zugießen und die Mischung zu einem geschmeidigen Teig verarbeiten. Die Pistazienkerne und die Speckwürfel untermengen.

Die Hälfte des Teiges in eine beschichtete Kastenform einfüllen. Die Wurst einlegen und mit dem restlichen Teig bedecken. Den Teig an einem warmen Ort 1/2 Stunde ruhen lassen und anschließend 40 Minuten im vorgeheizten Ofen bei 200 °C backen.

Den »Wurstkuchen« am Tisch aufschneiden und mit einem kräftig gewürzten Friséesalat servieren.

Sabodet in weißem Burgunder mit Steinpilzen und Gemüse

VORBEREITUNG: 30 MINUTEN
GARZEIT: 40 MINUTEN

FÜR 6 PERSONEN

1 Sabodet (Brühwurst aus gehacktem Schweinskopf) oder Schwartenwurst
6 Möhren
½ Knolle Sellerie
2 Schalotten
6 junge weiße Rüben (Mairüben oder Teltower)
50 g getrocknete Steinpilze
3 Knoblauchzehen
4 Zweige krause Petersilie
200 g Champignons
500 ml weißer Burgunder
Olivenöl
Salz und frisch gemahlener Pfeffer

Das Gemüse schälen, die Möhren, den Sellerie und die Schalotten grob würfeln, die Rüben vierteln. Die getrockneten Steinpilze in heißem Wasser einweichen. Eine Knoblauchzehe mit der Petersilie grob hacken; die Petersilienstängel zurückbehalten. Die Steinpilze abtropfen lassen und mit der Knoblauch-Petersilien-Mischung in der Pfanne kurz in Olivenöl schwenken.

Das vorbereitete Gemüse, die geviertelten Champignons, die sautierten Steinpilze, die Petersilienstängel und die 2 ganzen Knoblauchzehen in einen Schmortopf geben. Salzen und pfeffern. Die Wurst einlegen und alles mit dem Weißwein übergießen. Zugedeckt auf dem Herd 40 Minuten garen.

Kurz vor dem Servieren mit einer Kelle das überschüssige Fett von der Oberfläche abschöpfen. Die Wurst und das Gemüse im Topf servieren.

Warme Morteau-Wurst und Kartoffelsalat mit Möhren und Sellerie

VORBEREITUNG: 30 MINUTEN
GARZEIT: 40 MINUTEN

FÜR 6 PERSONEN

2 Morteau-Würste (ersatzweise große, grobe, geräucherte Würste zum Kochen)
1 Möhre
1 Schalotte
1 Stange Staudensellerie
1 EL Balsamico-Essig
100 ml Olivenöl
6 Kartoffeln (vorzugsweise Roseval, länglich-oval mit rosa Schale)
Salz und grob geschroteter Pfeffer

Die Würste in einem Topf mit Wasser bedecken und zum Kochen bringen.

Die Möhre und die Schalotte schälen. Die Möhre der Länge nach halbieren und mit einem Sparschäler in lange Streifen schneiden. Den Sellerie ebenfalls in lange Streifen schneiden. Die Schalotte fein hacken. Aus dem Essig, Olivenöl, Salz und Pfeffer eine Vinaigrette zubereiten. Die vorbereiteten Gemüsestreifen mit einem Teil der Vinaigrette würzen.

Nachdem die Würste 20 Minuten gekocht haben, die ungeschälten Kartoffeln (gut abgewaschen) zugeben und weitere 20 Minuten garen, bis die Kartoffeln weich sind. Die Kartoffeln und die Wurst in Scheiben schneiden. Auf Tellern anrichten und dekorativ mit dem Rohkostsalat garnieren. Die Kartoffelscheiben mit der restlichen Vinaigrette überziehen und servieren.

Morteau-Wurst mit Räucherspeck, frischen Schwarzwurzeln und geschmorten Schalotten

VORBEREITUNG: 20 MINUTEN
GARZEIT: 40 MINUTEN

FÜR 6 PERSONEN

2 Morteau-Würste (ersatzweise große, grobe, geräucherte Würste zum Kochen)
6 längliche Schalotten (z. B. Lange Bretonin)
1 kg frische Schwarzwurzeln
Saft von 1 Zitrone
50 g leicht gesalzene Butter
1 EL Zucker
1 EL Instant-Kalbsfond, aufgelöst in 500 ml Wasser
6 Scheiben geräucherter durchwachsener Speck
Olivenöl

Die Würste in kochendem Wasser 40 Minuten garen.

Die Schalotten schälen, in eine ofenfeste Form legen und mit Olivenöl begießen. Im vorgeheizten Ofen bei 180 °C etwa 20 Minuten schmoren (die Schalotten sollten sich bei Berührung ganz weich anfühlen).

Die Schwarzwurzeln schälen, dabei die geschälten Stangen gleich in Zitronenwasser legen, damit sie nicht braun werden. Die Schwarzwurzeln mit der Butter und dem Zucker in einen Topf geben und mit dem aufgelösten Kalbsfond übergießen.

Die Schwarzwurzeln auf kleiner Flamme garen, bis sie glasiert sind und goldgelb glänzen. Den Speck in der Pfanne knusprig braten.

Auf jedem Teller ein Bett aus Schwarzwurzeln anrichten. Mit der in Scheiben geschnittenen Wurst bedecken, jeweils eine Scheibe Speck darauflegen und zuletzt mit einer längs aufgeschnittenen Schalotte krönen. Mit der Garflüssigkeit der Schwarzwurzeln überziehen und servieren.

Löwenzahnsalat mit Andouille de Vire

ZUBEREITUNG: 10 MINUTEN

FÜR 6 PERSONEN

24 Scheiben Andouille de Vire (geräucherte Kuttelwurst aus der Normandie)
2 Knoblauchzehen
100 ml Olivenöl
1 EL Cidre-Essig
2 TL flüssiger Honig
300 g gebleichter (gelber) Löwenzahn
Salz und frisch gemahlener Pfeffer

Den Knoblauch schälen, hacken und in der Pfanne in dem Olivenöl glasig schwitzen. Von der Kochstelle nehmen und den Essig und Honig einrühren. Nach Belieben mit Salz und Pfeffer abschmecken.

Den Löwenzahn waschen, gut abtropfen lassen und mit der lauwarmen Knoblauch-Vinaigrette vermengen.

Den Salat auf Tellern anrichten: immer abwechselnd eine Scheibe Andouille und eine Lage Löwenzahn übereinander schichten.

Gebratene Andouille de Guémené mit geröstetem Gemüse

VORBEREITUNG: 30 MINUTEN
GARZEIT: 20 MINUTEN

FÜR 6 PERSONEN

18 dicke Scheiben Andouille de Guémené (geräucherte Kuttelwurst aus der Bretagne)
2 Knoblauchzehen
1 Stück Ingwerwurzel
4 vollreife Tomaten, enthäutet
1 TL Ketchup
1 Knolle Sellerie
2 Auberginen
2 Zucchini
3 Schalotten
2 Zwiebeln
Olivenöl
Salz und frisch gemahlener Pfeffer

Den Knoblauch und den Ingwer schälen, hacken und in etwas Olivenöl anschwitzen. Die in Stücke geschnittenen Tomaten zugeben und zerfallen lassen. Das Ketchup unterrühren und die Mischung im Mixer oder in der Küchenmaschine zu einer dickflüssigen, glatten Coulis pürieren.

Den Sellerie, die Auberginen und die Zucchini schälen und in kleine Würfel schneiden. Die Schalotten schälen, hacken und mit dem Sellerie in Olivenöl etwa 10 Minuten anschwitzen. Die gewürfelten Auberginen und Zucchini zugeben und weitergaren, bis das Gemüse al dente ist. Mit Salz und Pfeffer abschmecken. Die Zwiebeln in Ringe schneiden und in der Pfanne knusprig braten; die Wurstscheiben braten.

Die gebratenen Andouille-Scheiben auf einer Schicht Gemüse anrichten und mit den gerösteten Zwiebeln garnieren. Mit etwas Tomaten-Coulis umgießen und servieren.

Marinierte Salami mit Kräutern

MARINIERZEIT: 1 WOCHE
ZUBEREITUNG: 5 MINUTEN

FÜR 6 PERSONEN ALS AMUSE-GUEULE

1 luftgetrocknete Salami
1 Knoblauchzehe, geschält
10 Wacholderbeeren
2 frische Thymianzweige
1 Lorbeerblatt
1 kleiner Zweig Rosmarin
Olivenöl

Die Haut der Salami abziehen und die Wurst in Scheiben schneiden. Sämtliche Zutaten in ein Einmachglas geben und mit Olivenöl bedecken. Fest verschlossen im Kühlschrank mindestens 1 Woche marinieren lassen.

Die marinierten Salamischeiben mit getoastetem Brot servieren.

Tapa mit Chorizo und Mozzarella

VORBEREITUNG: 10 MINUTEN
GARZEIT: 5 MINUTEN

ERGIBT 10 TAPAS

10 dünne Scheiben scharfe Chorizo
10 kleine Kügelchen Mozzarella
2 Scheiben Zwieback
100 g gemahlene Mandeln
2 Eier
10 schöne Basilikumblätter
10 kleine Holzspieße
Öl zum Frittieren

Den Zwieback fein zerbröseln und mit den gemahlenen Mandeln vermengen. Die Eier kräftig verschlagen. Die Mozzarella-Kugeln zuerst in dem Ei, dann in der Mandel-Zwieback-Mischung wenden, sodass sie rundherum paniert sind.

Auf jeden Holzspieß eine panierte Mozzarella-Kugel, eine Scheibe Chorizo und ein Basilikumblatt stecken. In heißem Öl 15 Sekunden frittieren und heiß servieren.

Gebratene Chorizo mit Rucola-Löwenzahn-Salat und frischen Kräutern

VORBEREITUNG: 15 MINUTEN
GARZEIT: 5 MINUTEN

FÜR 6 PERSONEN

12 Scheiben Chorizo
1 Bund Kerbel
1 Bund Estragon
1 Bund Koriandergrün
1 Bund glatte Petersilie
1 Hand voll Rucola
1 Hand voll junger Löwenzahn
2 rote Zwiebeln
Weinessig
Rapsöl

Die frischen Kräuter waschen und grob zerpflücken. Die Salate waschen, gründlich abtropfen lassen und mit den Kräutern vermengen. Die Zwiebeln schälen und in Ringe schneiden. Die Chorizo in Stäbchen schneiden, in der Pfanne braten und mit einem Schuss Weinessig ablöschen.

Die Chorizo mit dem Bratensaft, den Zwiebelringen und etwas Rapsöl über den Salat geben. Den Salat kurz durchheben und servieren.

Tortilla mit Chorizo

VORBEREITUNG: 20 MINUTEN
GARZEIT: 20 MINUTEN

FÜR 6 PERSONEN

200 g Chorizo
3 Zwiebeln
600 g fest kochende Kartoffeln
Olivenöl
5 Eier
100 ml Sahne
Salz und frisch gemahlener Pfeffer

Die Zwiebeln schälen und in Ringe schneiden. Die Chorizo würfeln. Die Kartoffeln schälen, grob würfeln und in der Pfanne in Olivenöl Farbe nehmen lassen. Die Kartoffeln herausnehmen und in derselben Pfanne die Chorizo-Würfel und die Zwiebeln kurz anbraten. Die Chorizo, Zwiebeln und Kartoffeln vermengen. Die Eier schaumig schlagen und mit der Sahne verrühren. Mit etwas Salz und Pfeffer würzen.

Die Kartoffel-Chorizo-Mischung in eine feuerfeste Form (oder mehrere kleine Formen) füllen und mit der Eiersahne übergießen. Im vorgeheizten Ofen bei 120 °C backen, bis die Masse gestockt und von goldbrauner Farbe ist (zur Garprobe mit einer Messerspitze einstechen, sie sollte sauber wieder herauskommen).

Die Tortilla kann heiß serviert werden, schmeckt aber auch lauwarm oder kalt.

Rund um den Schinken

GEKOCHTER SCHINKEN

ALLSEITS BELIEBT

Ob als Belag des traditionellen Schinkensandwichs oder zu einem Brei püriert, den es gab, »als man noch ganz klein war«, jeder Franzose verzehrt im Durchschnitt 5 kg Kochschinken pro Jahr. Dank seines Nährwerts (reich an Eisen und Kalium und fettarm im Vergleich zu Wurst) sowie seiner vielseitigen und einfachen Verwendbarkeit ist er Dauergast in jedem Kühlschrank, der etwas auf sich hält.

Gekochter Schinken wird aus dem Hinterschinken gewonnen. Er kann ausgelöst und geformt sein, von Fett befreit, entschwartet und in Salzlake gepökelt und wird anschließend nach unterschiedlichen Verfahren langsam gegart. In Frankreich unterscheidet man drei Qualitätsstufen. Die beste ist jambon cuit »supérieur«, die weder Phosphate oder andere Zusätze noch Geliermittel enthält.

DIE WICHTIGSTEN »JAMBONS SUPÉRIEURS« SIND:

Am Knochen gegarte Schinken wie York-Schinken oder Prager Schinken weisen mit ihren »exotischen« Namen lediglich auf eine bestimmte Gartechnik, nicht aber auf ihre Herkunft hin.

Jambon braisé: langsam gekochter Schinken ohne Knochen

Jambon au torchon: entbeinter Schinken, in Leinentücher (au torchon) gebunden und in Brühe gegart

Jambon des Ardennes: Kochschinken in der Form einer Birne (nicht zu verwechseln mit dem rohen, über Wacholder geräucherten Ardennen-Schinken)

Jambon de Paris: leicht gesalzener, blassrosa Kochschinken, erkennbar an der rechteckigen Form (Vorsicht: Jambon de Paris ist nicht immer von allerbester Qualität.)

ANDERE QUALITÄTSSTUFEN SIND:

Jambon cuit »choix« knochenloser geformter Schinken, darf Phosphate und Zucker, jedoch keine Geliermittel enthalten

Jambon cuit »standard« Knochenloser geformter Schinken, darf Polyphosphate und Geliermittel enthalten

Schauen Sie genau aufs Etikett, denn Herkunft und Qualitätsmerkmale müssen klar gekennzeichnet sein.

Oink! Oink!

ROHER SCHINKEN

LUFTGETROCKNETER SCHINKEN

Bereits die Könige der Antike delektierten sich am Hinterteil des Schweins, kürten es zum Star und erhoben den Schinken in den Adelsstand. Dieser auserwählte Status ist das Ergebnis gewissenhafter Arbeit sowohl bei der Aufzucht der Tiere als auch bei der Herstellung und Reifung der Schinken. Ohne erstklassige Schweine kein hochwertiger Schinken! Die Wahl der Rasse und die richtige Fütterung sind grundlegende Voraussetzungen für einen Schinken von hervorragender Qualität. Für rohen Schinken wird zunächst die Oberfläche der Keule trockengesalzen. Diese noch häufig von Hand ausgeführte Behandlung entwässert das Fleisch und fördert die Konservierung. In dieser Phase werden vielfach auch verschiedene Kräuter und Gewürze zugesetzt, um dem Schinken ein charakteristisches Aroma zu verleihen.

Anschließend werden die Schinken zur Reifung in spezielle, klimatisierte Trockenräume gehängt, in denen ein genau austariertes Verhältnis von Belüftung, Temperatur und Luftfeuchtigkeit für optimale Reifebedingungen sorgt.

Nun beginnt der Schinken mit seiner Verwandlung, das Salz dringt in den Kern ein, das Fleisch wird zart und mürbe, färbt sich dunkelrot und entwickelt sein typisches, intensives Aroma. Die Dauer der Reifung richtet sich in Frankreich nach der jeweiligen Appellation, dem Gütegrad der Schinken. Nicht jeder hat das Zeug zum Luxusprodukt!

JAMBON SEC »SUPERIEUR«: mindestens 210 Tage Reifezeit

JAMBON SEC: mindestens 130 Tage Reifezeit

JAMBON CRU: weniger als 130 Tage Reifezeit

BAYONNE-SCHINKEN (JAMBON DE BAYONNE)

Die Herstellung des berühmten Bayonne-Schinkens ist auf die 22 Départements in Aquitaine, im Südwesten Frankreichs, beschränkt. Die von Geburt an aufgezogenen Schweine werden ausschließlich mit Getreide gefüttert und die Auswahl der für die Schinkenherstellung geeigneten Keulen unterliegt sehr strengen Kriterien. Eine wichtige Rolle für die Reifung spielt das Klima im Baskenland, das mit seinen wechselnden Einflüssen sowohl vom Atlantik als auch von den Pyrenäen starken Feuchtigkeitsschwankungen unterliegt und dem Schinken seine charakteristische Zartheit verleiht. Auch andere französische Schinken haben sich in all ihren regionalen Variationen über die Grenzen hinaus Ansehen erworben, Jambon d'Auvergne (roher geräucherter Schinken), Jambon de Savoie (luftgetrockneter Schinken), Jambon des Ardennes (leicht gesalzener und geräucherter Schinken), Jambon de Vendée ...

Serrano

San Daniele

Tiroler Speck

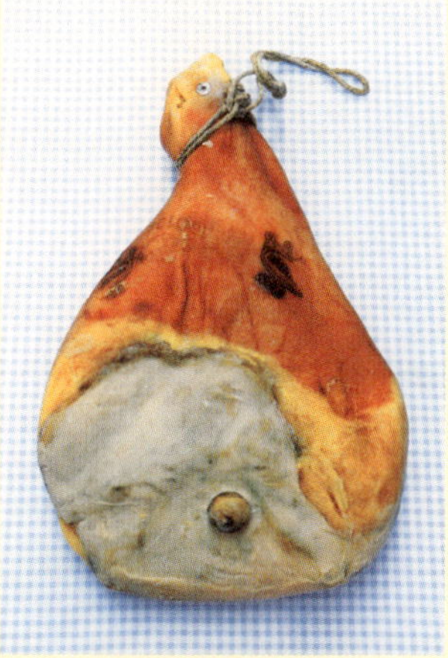

Parmaschinken

Bayonne-Schinken

Dehesa de Extramadura

JAMÓN SERRANO

Einer der weltweit berühmtesten Schinken ist der Serrano aus Spanien. Sein Name leitet sich von »Sierra« für »Gebirge« ab. Und tatsächlich ist das Besondere beim Serrano, dass seine Herstellung den Launen des unbeständigen Bergklimas folgt. Schlachtung und Einsalzen erfolgen im Winter und die anschließende Reifung kann mit dem nahenden Sommer erheblichen Temperaturschwankungen unterliegen (daher der leicht ranzige Geschmack). Das Lebensmittelrecht definiert den Serrano lediglich als traditionelle Spezialität und regelt einige Bestimmungen seiner Herstellung, jedoch weder die Herkunft der Schweine noch den Ort der Produktion. Spanien ist stolz auf einen der besten Schinken der Welt, den »Ibérico«, der von den echten iberischen Schweinen mit schwarzer Klaue stammt. Der König des Jamón ibérico ist jedoch der Bellota, was so viel bedeutet wie »Eichel«, da die Schweine frei in den Wäldern herumlaufen und sich fast ausschließlich von Eicheln ernähren. Während ihres kurzen Lebens in Freiheit verdoppeln sie ihr Körpergewicht. Das Klima (kalte Winter, heiße Sommer) und eine Reifezeit von mindestens 24 Monaten verleihen dem Schinken eine einzigartige Konsistenz und ein unnachahmliches Aroma.

PROSCIUTTO DI MAIALE

Italien rühmt sich ebenfalls einer langen Tradition in der Schinkenherstellung. Die Qualität seiner Produkte wird von Gourmets und Gourmands allseits geschätzt. Unangefochtene Ikone unter den italienischen Schinken ist der Parmaschinken, der von höchstem Können und strengen Zuchttechniken zeugt. Zugelassen sind nur die Schweinerassen »Large White Landrance« und »Duroc«, die in elf klar umrissenen Regionen Italiens gezüchtet werden und mindestens 160 kg auf die Waage bringen müssen. Fütterung, Zuchtbedingungen, alles ist haarklein in den Vorschriften geregelt, um eine gleich bleibend hohe Qualität zu garantieren. Seinen einzigartigen Geschmack verdankt der Parmaschinken der über Jahrhunderte gewachsenen Kunst der Salzmeister, die das Meersalz nur sehr sparsam dosiert in den Schinken einreiben. Daher trocknet er langsamer und wird besonders mild. Erst nach zwölf Monaten zeigt sich, ob der Schinken der fünfzackigen »Krone der Herzöge« würdig ist, des offiziellen Gütesiegels, das die Echtheit des Produktes garantiert. Der »Krönung« geht allerdings eine eingehende »Reifeprüfung« voraus, die Spillatura. Um den Reifegrad zu bestimmen, wird der Schinken an fünf genau festgelegten Punkten mit einem angespitzten Pferdeknochen (»Spilla«) eingestochen.

In Norditalien ist der San Daniele zu Hause, der von 200-kg-Schweinen stammt, die ausschließlich in Venetien, dem Piemont und der Lombardei gezüchtet werden. Der Schinken reift zehn Monate, sein Fleisch ist etwas blas ser und er behält den kompletten Beinknochen, den »Spitzfuß«. Andere erstklassige Schinken wie der Jambon de Bosses, eine Spezialität aus dem Aostatal, komplettieren das reiche Angebot Italiens.

SCHWARZWÄLDER, KATENRAUCH, TIROLER ...

Auch Deutschland, Österreich und Belgien verfügen über eine Vielzahl verschiedener Schinkenspezialitäten. Ihre Herstellung mag etwas geheimnisumwittert erscheinen, doch die Qualität ist unbestritten. Belgischer Jambon d'Ardenne, Schwarzwälder Schinken und Tiroler Speck sind längst auch international kein Fremdwort mehr.

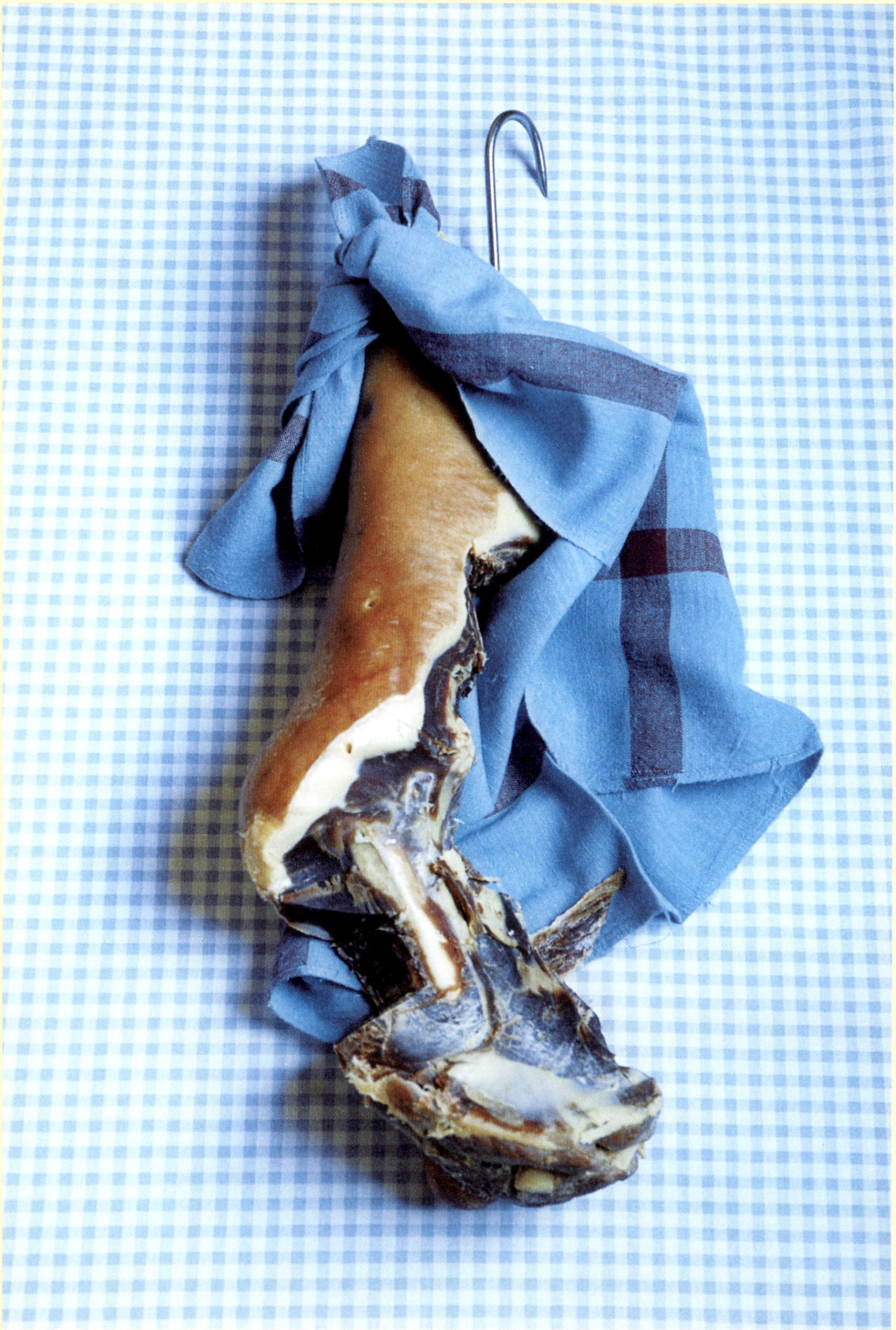

Jambon sec d'Auvergne
(Luftgetrockneter Schinken aus der Auvergne)

GÜTESIEGEL

IN EUROPA GIBT ES DREI QUALITÄTSSIEGEL ZUM SCHUTZ UND ZUR ERHALTUNG DER PRODUKTVIELFALT

AOP

Appellation d'origine protegée
Schinken, der an einem klar definierten Ort nach genau festgelegtem, anerkanntem Verfahren hergestellt und gereift wurde.

Spanien

Dehesa de Extremadura

Guijuelo

Jamón de Huelva

Jamón de Teruel

Italien

Prosciutto di Carpegna

Prosciutto di Modena

Prosciutto di Parma

Prosciutto di San Daniele

Prosciutto di Veneto Berico-Euganeo

Prosciutto toscano

Valle d'Aosta Jambon de Bosses

Valle d'Aosta Lard d'Arnad

Speck dell'Alto Adige

Portugal

Presunto de Barrancos

IGP

Indication géographique protegée
Schinken, bei dem mindestens eine der verschiedenen Herstellungsphasen an ein bestimmtes Herkunftsgebiet gebunden ist.

Deutschland

Ammerländer Dielenrauchschinken

Katenschinken

Ammerländer Knochenschinken

Schwarzwälder Schinken

Österreich

Tiroler Speck

Belgien

Jambon d'Ardenne

Frankreich

Jambon de Bayonne

Jambon des Ardennes

Italien

Prosciutto di Norcia

Portugal

Presunto de Barroso

STG

Spécialité traditionelle garantie
Schützt die Herstellung nach traditionellem Verfahren, nicht aber die Herkunft des Fleischs oder den Ort der Herstellung.

Spanien

Serrano

Iberico de Bellota

Rezepte mit Schinken

Kanapees mit Parmaschinken, Rucola und Parmesan

ZUBEREITUNG: 20 MINUTEN

ERGIBT 10 KANAPEES

5 sehr dünne Scheiben Parmaschinken
10 Scheiben altbackenes Landbrot
1 Hand voll Rucola
1 Stück Parmesan
Olivenöl
Salz und grob geschroteter schwarzer Pfeffer

Die Brotscheiben in der Pfanne in Olivenöl rösten. Die Schinkenscheiben der Länge nach in 2 Hälften schneiden. Den Rucola mit etwas Olivenöl vermengen und würzen. Den Parmesan hobeln.

Jeweils einige Blätter Rucola und ein paar Parmesanhobel in eine halbierte Schinkenscheibe einrollen. Die gerösteten Brotscheiben in 2 Hälften schneiden und mit den vorbereiteten Schinkenröllchen belegen. Mit etwas grob zerstoßenem Pfeffer bestreuen und servieren.

Bayonne-Schinken mit Piquillos und gerösteten Pinienkernen

ZUBEREITUNG: 20 MINUTEN

ERGIBT 10 KANAPEES

5 dünne Scheiben Bayonne-Schinken
50 g Pinienkerne
10 Scheiben Baguette
1 Bund Koriandergrün
10 Piquillos (eingelegte, spitze rote Paprikaschoten aus dem Glas)
Olivenöl

Die Pinienkerne in der Pfanne trocken rösten. In derselben Pfanne in etwas Olivenöl die Baguettescheiben rösten und mit etwas gehacktem Koriandergrün bestreuen. Die Piquillos mit den Pinienkernen und weiterem Koriandergrün füllen.

Auf jede Baguettescheibe eine gefüllte Piquillo legen und darauf eine halbe Scheibe Schinken drapieren. Mit Koriandergrün garnieren.

Knusprige Kräcker mit Speck, Appenzeller und getrockneten Aprikosen

ZUBEREITUNG: 20 MINUTEN

ERGIBT 10 KRÄCKER

5 Scheiben Tiroler Speck
5 getrocknete Aprikosen
20 g Frischkäse (Doppelrahmstufe)
1 TL Ahornsirup
5 Scheiben Knäckebrot
1 Stück Appenzeller
Grob zerstoßener Pfeffer (nach Belieben)
Schnittlauchröllchen

Die getrockneten Aprikosen fein hacken. Die Hälfte davon mit dem Frischkäse und dem Ahornsirup vermengen.

Die Knäckebrotscheiben grob mit der Käse-Sirup-Mischung bestreichen. Den Appenzeller und den Speck in feine Streifen schneiden und mit den restlichen gehackten Aprikosen auf den Brotscheiben verteilen. Nach Belieben mit grob zerstoßenem Pfeffer und Schnittlauchröllchen garnieren. Vor dem Servieren die Knäckebrote halbieren.

Serrano-Schinken mit eingelegten Tomaten und Basilikum

ZUBEREITUNG: 20 MINUTEN

ERGIBT 10 KANAPEES

5 Scheiben Serrano-Schinken
100 g getrocknete, in Öl eingelegte Tomaten
1 Bund Basilikum
3 Knoblauchzehen
Olivenöl
10 Scheiben Baguette

Zehn Stückchen der eingelegten Tomaten für Garniturzwecke zurücklegen. Den Rest mit etwas Olivenöl und der Hälfte der zerpflückten Basilikumblätter ganz fein hacken. Den Knoblauch schälen und in Scheiben schneiden. Die Knoblauchscheiben in Olivenöl rösten, bis sie goldbraun und knusprig sind. In demselben Öl die Baguettescheiben rösten.

Die Baguettescheiben mit den fein gehackten Tomaten bestreichen und mit je einer halben Scheibe Serrano-Schinken und einem Stückchen Tomate belegen. Mit einigen gerösteten Knoblauchscheiben und einem Basilikumblatt garnieren.

Schinkensandwich mit Speck, Äpfeln und Curry

ZUBEREITUNG: 20 MINUTEN

ERGIBT 12 SANDWICHS

4 Scheiben Kochschinken
4 Scheiben Frühstücksspeck
1 großer Apfel
1 Stange Staudensellerie
1 Bund Petersilie
4 Pita-Brote

FÜR DIE SAUCE

2 Eigelbe
1 TL Senf
Weinessig
200 ml Olivenöl
1 TL flüssiger Honig
1 TL Currypulver
Salz und frisch gemahlener Pfeffer

Den Speck knusprig braten und anschließend in Streifen schneiden. Den Apfel schälen, entkernen und das Fruchtfleisch würfeln. Den Sellerie in feine Streifen schneiden. Die Petersilie abzupfen.

Eine Mayonnaise bereiten: Die Eigelbe und den Senf mit einem Schuss Weinessig verrühren und mit Salz und Pfeffer würzen. Nach und nach unter Rühren das Öl zugießen, bis sich eine dicke Emulsion bildet. Zuletzt den Honig und den Curry unterrühren. Den Kochschinken in grobe Stücke schneiden und sämtliche Zutaten mit der Mayonnaise vermengen.

Die Pita-Brote aufschneiden, mit der vorbereiteten Mischung belegen und wieder zusammenklappen. Jedes Sandwich in drei Teile schneiden und servieren.

Kanapees mit Kochschinken, Feigen, Comté und Nüssen

ZUBEREITUNG: 20 MINUTEN

ERGIBT 10 KANAPEES

5 Scheiben Kochschinken
10 getrocknete Feigen
1 EL brauner Zucker
10 dünne Scheiben Mehrkornbrot, entrindet
100 g mittelalter Comté oder Gruyère
10 Haselnusskerne
10 Mandelkerne
Schnittlauch zum Garnieren

Die Feigen in einem Topf mit Wasser bedecken. Den Zucker einstreuen, das Wasser zum Kochen bringen und die Feigen 5 Minuten garen. Die Mischung anschließend im Mixer zu einer glatten Paste pürieren.

Das Brot rösten und mit etwas Feigenpüree bestreichen. Mit dem Schinken und dem Comté oder Gruyère belegen und mit den Nüssen und Schnittlauchhalmen garnieren.

Schinkenbrot mit gegrilltem Gemüse

ZUBEREITUNG: 20 MINUTEN, WENN DAS GEMÜSE GEGRILLT WIRD
5 MINUTEN, WENN DAS GEMÜSE BEREITS GEGRILLT IST

ERGIBT 10 SCHINKENBROTE

5 Scheiben guter roher Schinken
5 Auberginenscheiben
2 Zucchinischeiben (längs geschnitten)
10 Kirschtomaten
10 Scheiben Bauernbrot
2 Zweige frischer Thymian
2 Zweige Estragon
Salzblüte (Fleur de sel)
Olivenöl

Die Auberginenscheiben mit Olivenöl bestreichen und auf dem Grill goldbraun grillen. Die Zucchinischeiben kurz blanchieren, ebenfalls mit Öl bestreichen und grillen. Die Tomaten in der Pfanne bei lebhafter Hitze in Olivenöl rösten, ebenso das Brot. Das Gemüse in mundgerechte Stücke schneiden. Den Thymian abzupfen und über das Gemüse streuen.

Jede Brotscheibe mit etwas Gemüse und einigen Schinkenstreifen belegen. Mit dem Estragon garnieren und mit Salzblüte bestreuen.

Anmerkung:
Sie können auch bereits gegrilltes Gemüse verwenden, wie es in italienischen Feinkostgeschäften angeboten wird.

Schinkensandwich mit Cornichon-Butter

ZUBEREITUNG: 10 MINUTEN

ERGIBT 4 SANDWICHS

1 Baguette
4 Scheiben guter Kochschinken
16 Cornichons
6 Schnittlauchhalme
40 g Butter
Frisch gemahlener Pfeffer

Die Butter bei Raumtemperatur etwas weich werden lassen. Die Cornichons grob hacken; den Schnittlauch in Röllchen schneiden. Die Butter mit den gehackten Cornichons, den Schnittlauchröllchen und etwas frisch gemahlenem Pfeffer gründlich vermengen.

Das Baguette in 4 gleich große Teile teilen, aufschneiden und mit der Cornichon-Butter bestreichen. Mit dem Schinken belegen und servieren.

Die Cornichons in der Butter zu binden, hat den Vorteil, dass sie für knackigen Biss sorgen, statt einem auf die Füße zu fallen.

Gewürzbot mit Kochschinken, Emmentaler und Avocado

ZUBEREITUNG: 10 MINUTEN

ERGIBT 10 SANDWICHS

5 Scheiben guter Kochschinken
100 g Emmentaler
5 Scheiben geräucherter Schweinebauch
10 Scheiben gutes Gewürzbrot
1 Avocado
½ Zitrone
½ rote Zwiebel
Salz und frisch gemahlener Pfeffer

Die Avocado schälen und mit der halben Zitrone beträufeln. Das Fruchtfleisch mit der Gabel zerdrücken und mit Salz und Pfeffer würzen. Das Gewürzbrot toasten, zu Dreiecken schneiden und mit dem Avocadopüree bestreichen. Die Schnittchen mit dem Schinken, dem Emmentaler, dem geräucherten Schweinebauch und der in Streifen geschnittenen Zwiebel belegen.

Mein Clubsandwich

ZUBEREITUNG: 20 MINUTEN

ERGIBT 4 SANDWICHS

12 Scheiben Sandwichtoast
4 Scheiben guter Kochschinken
8 Scheiben Frühstücksspeck
8 Scheiben geräucherter durchwachsener Bauchspeck
4 Tomaten
4 hart gekochte Eier
1 Salatgurke
1 Hand voll Rucola
16 Holzspieße

FÜR DIE MAYONNAISE

2 Eigelbe
1 TL Senf
Weinessig
200 ml Erdnussöl
1 EL Ketchup
Tabasco
1 Spritzer Cognac
Salz und frisch gemahlener Pfeffer

Den Frühstücksspeck und Bauchspeck in der Pfanne knusprig braten. Die Tomaten, die hart gekochten Eier und die Gurke in dünne Scheiben schneiden.

Das Sandwichbrot toasten.

Eine dicke Mayonnaise zubereiten: Die Eigelbe und den Senf mit einem Schuss Weinessig verrühren und mit Salz und Pfeffer würzen. Nach und nach unter Rühren das Öl zugießen, bis sich eine dicke Emulsion bildet. Das Ketchup, einige Spritzer Tabasco und den Cognac untermengen und abschmecken.

Zum Belegen der Sandwichs eine Scheibe Toast mit Mayonnaise bestreichen und nacheinander etwas Schinken, Tomate, Frühstücksspeck, Ei, Bauchspeck, Gurke und Rucola darauflegen. Mit einer zweiten Toastscheibe bedecken und den Vorgang wiederholen. Zuoberst mit einer dritten Scheibe Toast abschließen.

Zum Servieren die Clubsandwichs an den Ecken mit 4 Holzspießen fest zusammenstecken. Die restliche Mayonnaise separat dazureichen.

Sandwich mit zweierlei Schinken, Sardellen, Tapenade und getrockneten Tomaten

ZUBEREITUNG: 20 MINUTEN

ERGIBT 10 SANDWICHS

5 Scheiben Kochschinken
5 Scheiben roher Schinken
1 Zwiebel
20 Scheiben Toastbrot ohne Rinde
10 getrocknete, in Öl eingelegte Tomaten
10 in Salz eingelegte Sardellen

FÜR DIE TAPENADE

150 g entsteinte schwarze Oliven
1 Knoblauchzehe
200 ml Olivenöl

Für die Tapenade die schwarzen Oliven, den Knoblauch und das Olivenöl im Mixer zu einer Paste pürieren. Die Zwiebel in Ringe schneiden und frittieren. Die Toastscheiben toasten und jede Scheibe mit etwas Tapenade bestreichen. Die Schinkenscheiben halbieren. Die Hälfte der Toastbrote mit den beiden Schinken, den getrockneten Tomaten und den frittierten Zwiebelringen belegen. Mit jeweils einer Sardelle garnieren und die zweite Toastscheibe auflegen.

Quiche mit Edelpilzkäse, Speck und Schwarte

VORBEREITUNG: 10 MINUTEN
BACKZEIT: 30 MINUTEN

FÜR 6 PERSONEN

100 g Schweineschwarte
100 g frische Speckwürfel
3 Eier
½ l Milch
1 Prise abgeriebene Muskatnuss
1 Mürbeteigboden ohne Zucker (selbst gemacht oder Fertigprodukt)
100 g guter mittelkräftiger Edelpilzkäse (vorzugsweise Fourme d'Ambert oder Bleu d'Auvergne)

Die Schweineschwarte in reichlich kochendem Wasser garen, bis sie schön weich ist. In Streifen schneiden. Die Speckwürfel blanchieren. Die Eier mit der Milch und der Muskatnuss gründlich verschlagen. Eine Tarteform mit dem Mürbeteig auskleiden. Den Boden mehrmals einstechen und den klein geschnittenen zerbröckelten Käse, die Schwartenstreifen und die Speckwürfel gleichmäßig darauf verteilen.

Den Belag vorsichtig mit der Eiermilch übergießen und die Quiche im vorgeheizten Ofen 30 Minuten bei 180 °C backen.

Quiche mit zweierlei Schinken und Walnüssen

VORBEREITUNG: 10 MINUTEN
BACKZEIT: 30 MINUTEN

FÜR 6 PERSONEN

Das Endstück von 1 Kochschinken
3 Scheiben roher Schinken
150 g alter Comté oder Gruyère
50 g Walnusskerne
4 Eier
1/2 l Milch
150 ml Sahne
1 Mürbeteigboden ohne Zucker (selbst gemacht oder Fertigprodukt)

Den Kochschinken und den Comté oder Gruyère in kleine Würfel, den rohen Schinken in schmale Streifen schneiden. Die Eier mit der Milch und der Sahne verschlagen. Eine Tarteform mit dem Mürbeteigboden auskleiden. Die Schinken- und Käsewürfel sowie den rohen Schinken und die Walnusskerne gleichmäßig darauf verteilen und mit der Eiermischung übergießen. Im vorgeheizten Ofen 30 Minuten bei 180 °C backen.

Warme Käse-Schinken-Häppchen

VORBEREITUNG: 20 MINUTEN
GARZEIT: 5 MINUTEN

ERGIBT 12 STÜCK

250 g geriebener Gruyère
100 ml Crème fraîche
3 Scheiben Kochschinken
6 Scheiben Toastbrot oder 12 Scheiben Baguette

Es ist Sonntagabend und Ihre Kinder sind völlig ausgehungert? Hier ist eine wirksame Sofortmaßnahme, die schnell und lecker den allergrößten Hunger stillt.

Den geriebenen Käse mit der Crème fraîche verrühren. Die Hälfte der Toast- oder Baguettescheiben mit dem Schinken belegen. Mit der Hälfte der Käsecreme bedecken und die restlichen Brotscheiben auflegen. Die verbliebene Käsecreme darüber verteilen und die Sandwichs unter dem Grill goldgelb überbacken. Anschließend in mundgerechte Häppchen schneiden.

Sie können die Häppchen natürlich noch mit Zwiebeln, Kräutern, Gewürzen und vielem mehr aufrüsten. Wenn Sie Baguette nehmen, reicht in der Regel eine Schicht Käsecreme.

Knuspriges Fladenbrot mit Räucherschinken

VORBEREITUNG UND GEHEN: 1 STUNDE
BACKZEIT: 30 MINUTEN

FÜR 1 FLADENBROT

20 g frische Hefe
400 g Weizenmehl Type 550
250 ml Wasser
100 ml Olivenöl
4 g feines Salz
150 g Räucherschinken, in feine Streifen geschnitten
Salzblüte (Fleur de sel)
Grob zerstoßener Pfeffer

Die Hefe in etwas lauwarmem Wasser auflösen. Das Mehl sieben und mit dem Wasser, dem Olivenöl, der aufgelösten Hefe und dem Salz in der Küchenmaschine zu einem glatten, geschmeidigen Teig verarbeiten. Die Schinkenstreifen gleichmäßig untermengen. Ein Backblech mit einem Bogen Backpapier auskleiden, den Teig darauflegen und etwas abflachen.

Den Teig mit einem feuchten Küchentuch bedecken und an einem warmen Ort gehen lassen, bis er sein Volumen etwa verdoppelt hat.

Mit einem Messer die Oberfläche des Teigfladens so einschneiden, dass ein Blattmuster entsteht. Das Fladenbrot mit Salzblüte und grob zerstoßenem Pfeffer bestreuen und im vorgeheizten Ofen 30 Minuten bei 250 °C backen. Den Backprozess regelmäßig kontrollieren, damit das Brot nicht verbrennt.

Gemüse-Tarte mit luftgetrocknetem Schinken und Basilikum

VORBEREITUNG: 30 MINUTEN
BACKZEIT: 30 MINUTEN

FÜR 6 PERSONEN

2 gelbe Zwiebeln
1 Aubergine
2 Zucchini
1 Paket Blätterteig (Fertigprodukt)
1 Traube kleine Strauchtomaten
4 Scheiben luftgetrockneter Schinken, in Streifen geschnitten
Salzblüte (Fleur de sel)
Olivenöl
Frisches Basilikum zum Garnieren

Die Zwiebeln schälen, in Scheiben schneiden und in einer Pfanne in etwas Olivenöl farblos anschwitzen. Die Auberginen und Zucchini ebenfalls in Scheiben schneiden und in Olivenöl braten (sie sollten aber knackig bleiben).

Den Blätterteig auf einem Blech ausrollen (oder eine andere geeignete Form damit auskleiden). Den Teigboden mit den Zwiebeln und dem vorbereiteten Gemüse belegen. Die Strauchtomaten und die Schinkenstreifen darauf verteilen. Mit weiterem Olivenöl beträufeln und mit Salzblüte bestreuen. Die Tarte im vorgeheizten Ofen 30 Minuten bei 160 °C backen.

Kurz vor Ende der Backzeit die Basilikumblätter frittieren und auf der Tarte verteilen. Schön heiß servieren.

Schwein fernöstlich

SCHWEINE-CHINESISCH

Das Schwein zeigt sich auch gern in allen möglichen fernöstlichen Verkleidungen, um mit seinem exotischen Gewand die Neugier des westlichen Gaumens zu erregen. Die Zahl der Produkte und Vielfalt der Aromen von süß-salzig bis feurig-scharf ist groß.

Lassen Sie sich von den geschmacklichen Qualitäten des asiatischen Schweins und den vielfältigen originellen Kombinationen überraschen. Im Land der Großen Mauer wird die Sau niemals sauer! Im Land der aufgehenden Sonne quiekt sie meist vor Wonne!

*

Dampfbrötchen mit Schweinefleisch

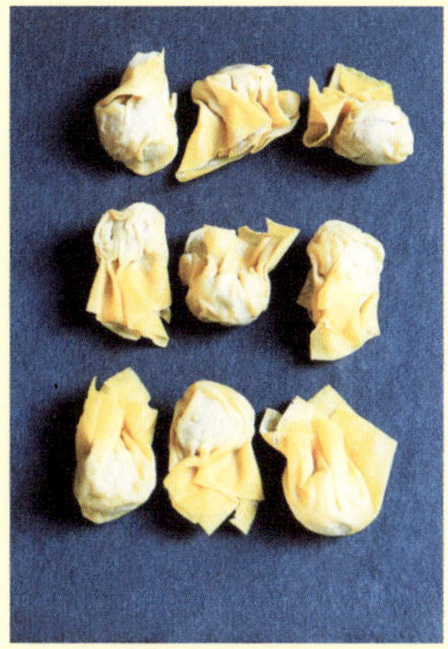

Wontans mit Schweinefleisch

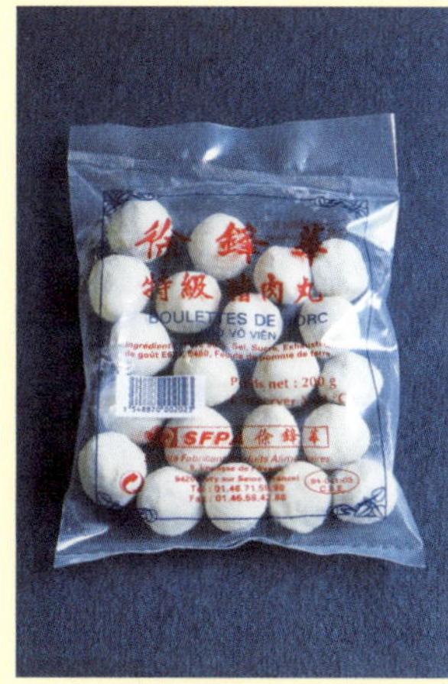

Teigbällchen mit Schweinefleisch

Schweinswürste mit Zitronengras

Dim Sum mit Schweinefleisch

Gekochtes Schweineblut

Thai-Schweinspaté

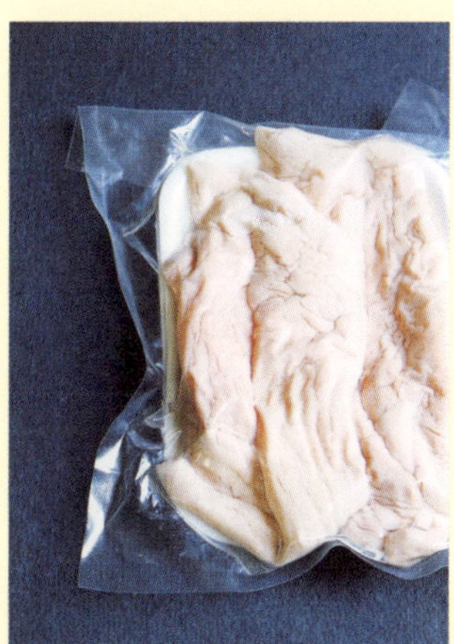

Schweinekutteln

Wurst mit Wolkenohren

Terrinen, Pasteten & Co

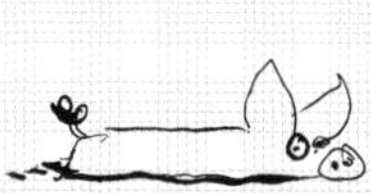

Filetbraten nach Rebhuhnart

VORBEREITUNG: 30 MINUTEN
GARZEIT: 2 STUNDEN

FÜR 6 PERSONEN

1 Schweinehals (wie für einen Rollbraten zuschneiden lassen)
500 g Schweinefilet
1 Bund krause Petersilie
5 Knoblauchzehen
2 Schalotten
3 Zweige frischer Thymian
Salz
Grob zerstoßener Pfeffer
Küchengarn

Damit das Filet beim Braten schön zart und saftig bleibt, wird es ähnlich wie ein Rebhuhn behandelt – jedoch nicht wie dieses mit Speck bardiert, sondern in eine Hülle aus durchwachsenem Fleisch gewickelt.

Den Schweinehals mehrmals einschneiden, damit das Fleisch beim Garen schön zart wird. Zu einem Rechteck von der gleichen Länge des Filets zurechtschneiden. Die Petersilie, den Knoblauch und die Schalotten fein hacken. Den Thymian abzupfen und mit der Petersilie vermengen. Die Kräutermischung, den Knoblauch und die Schalotten gleichmäßig auf dem Fleisch verteilen. Großzügig salzen.

Das Schweinefilet dicht an den Rand des Schweinehalses platzieren und diesen um das Filet herum wie einen Rollbraten fest zusammenrollen. Den Braten mit Küchengarn verschnüren und rundherum in dem grob zerstoßenen Pfeffer wenden.

Das Fleisch 2 Stunden im vorgeheizten Ofen bei 160 °C braten. Zwischendurch immer wieder wenden, damit der Braten von allen Seiten schön braun und knusprig wird. Gegessen wird der Filetbraten heiß oder kalt.

René

WIE PÉPÉ, NUR MIT HAAREN

René war ein würdiger Nachfolger Pépés als Chef der Boucherie Barbe. Viele, viele Jahre musste er geschickt zwischen einem starrköpfigen Pépé, der sich in einer bestimmten Auffassung von Arbeit verbissen hatte, und der zwangsläufigen Anpassung und Modernisierung der Vorschriften vermitteln. Mit Engelsgeduld warf er sein ganzes Gewicht in die Waagschale, um den Stern der Metzgerei Barbe auch weiter über dem gesamten Plateau leuchten zu lassen. Selbst fünf Jahre nach seinem Rückzug in den Ruhestand verunziert kein überflüssiges Gramm seine Metzgerskluft, die er noch immer wie eine stattliche Uniform trägt.

*

Bauernterrine nach Art von René

VORBEREITUNG: 30 MINUTEN
GARZEIT: 1 STUNDE 30 MINUTEN

ERGIBT ETWA 1 KILOGRAMM

600 g Schweinenacken
300 g Schweinehals
100 g frischer Schweinebauch
4 Knoblauchzehen
3 Schalotten
Schierer Rückenspeck in Scheiben, zum Bardieren
100 ml Weißwein
50 ml Rum
100 ml Sahne
2 Eier
1 TL Quatre-épices (Gewürzmischung aus Zimt, Nelke, Muskatnuss und Pfeffer)
2 Lorbeerblätter
2 Zweige Thymian
Salz und frisch gemahlener Pfeffer

Das Fleisch durch die große Lochscheibe des Fleischwolfs drehen. Den Knoblauch und die Schalotten schälen und hacken. Die Zutaten mit dem Wein, dem Rum, der Sahne, den Eiern und der Gewürzmischung vermengen und mit Salz und Pfeffer würzen.

Den Boden und die Ränder einer Terrinenform mit den Speckscheiben auskleiden. Die vorbereitete Farce einfüllen und mit weiteren Speckscheiben bedecken. Die Oberfläche mit den Lorbeerblättern und dem Thymian belegen und die Form mit einem Deckel verschließen. In einen Bräter stellen und diesen bis zur halben Höhe der Form mit heißem Wasser auffüllen. Die Terrine im vorgeheizten Ofen bei 180 °C im Wasserbad 1 Stunde und 30 Minuten garen.

Die Terrine vor dem Anschneiden noch 48 Stunden durchziehen lassen.

Terrine nach Art des Beaujolais

VORBEREITUNG: 30 MINUTEN
RUHEZEIT: 3 STUNDEN
GARZEIT: 2 STUNDEN

ERGIBT EINE TERRINE VON 1,5 KILOGRAMM

500 g Schweineleber
250 g Schweinenacken
250 g Schweinehals
125 g fetter Speck
75 g geräucherter durchwachsener Speck
2 Zwiebeln
6 Knoblauchzehen
500 ml Beaujolais (oder anderer trockener Rotwein)
50 ml Cognac
1 TL abgeriebene Muskatnuss
100 g Schweinenetz (beim Metzger vorbestellen)
Salz und frisch gemahlener Pfeffer

Sämtliches Fleisch durch die große Scheibe des Fleischwolfs drehen. Die Zwiebeln und den Knoblauch hacken. Sämtliche Zutaten gründlich mit dem Wein, Cognac und der Muskatnuss vermengen und mit Salz und Pfeffer abschmecken.

Die Farce in eine Terrinenform füllen und mit dem Schweinenetz bedecken. Im Kühlschrank 3 Stunden ruhen lassen.

Die Terrine in einen Bräter stellen und diesen bis zur halben Höhe der Form mit heißem Wasser auffüllen. Im vorgeheizten Ofen bei 180 °C im Wasserbad 2 Stunden garen (die Oberfläche der Terrine sollte eine schöne goldbraune Farbe haben).

Die Terrine vor dem Anschneiden noch 48 Stunden durchziehen lassen.

Bibi

KNEIPIER DER NEUEN GENERATION

Mit seinem gemütlichen Bäuchlein verkörpert der Bistrowirt der neuen Generation die einladende Behaglichkeit eines bequemen Kopfkissens am Ende eines langen, anstrengenden Tages. Sein singender Tonfall verstärkt diese entspannende Atmosphäre, setzt allerdings eine gewisse Musikalität voraus, will man seinen Ausführungen folgen.

Zu Beginn des Arbeitstages verströmt sein gebügeltes, makellos weißes Hemd die duftige Frische einer Wiesenblume – am Ende des Abends gleicht es eher einer Blumenwiese.

Mit seiner Ausstrahlung, einer Mischung aus Dany Brillant und Dario Moreno, verfügt Bibi über alle körperlichen Vorzüge, die zu einer glanzvollen Karriere befähigen, er aber schloss das Bistro in sein Herz wie andere eine schöne Frau in die Arme – mit Leidenschaft und Stolz, und mit dem gewissen Etwas, das den Gast immer wieder zurückkehren lässt.

*

„Schwein von Kopf bis Fuß" Terrine nach Art von Bibi

VORBEREITUNG: 45 MINUTEN
GARZEIT: 3 STUNDEN
RUHEZEIT: 24 STUNDEN

ERGIBT EINE TERRINE VON 1,5 KILOGRAMM

4 Schweinsfüße
4 Schweinebacken (beim Metzger vorbestellen)
2 Schweineschnauzen (beim Metzger vorbestellen)
3 Schweineohren (beim Metzger vorbestellen)
2 Schweinezungen
200 g Schweinenacken
200 g frisches Bauchfleisch
6 Möhren
2 Stangen Lauch
1 Knollensellerie
1 Fenchel
4 Zwiebeln
4 Gewürznelken
4 Knoblauchzehen
2 Lorbeerblätter
Salz und frisch gemahlener Pfeffer

Das Gemüse waschen und schälen. Die Zwiebeln mit den Nelken spicken. Das Fleisch mit sämtlichen anderen Zutaten in einem großen Topf mit reichlich Wasser etwa 3 Stunden kochen lassen.

Das Fleisch herausnehmen, die Füße auslösen und zusammen mit dem anderen Fleisch zerpflücken. Mit Salz und Pfeffer würzen. Die Brühe mit dem Gemüse auf etwa 1 Liter einkochen lassen.

Die Brühe durch ein Sieb passieren. Das Fleisch in eine Terrinenform geben, mit der Brühe auffüllen und 24 Stunden kalt stellen, bis die Flüssigkeit vollständig geliert ist.

Osterschinken (oder Petersilienschinken)

LÄSST SICH IM VORAUS ZUBEREITEN
WÄSSERN: 24 STUNDEN
GARZEIT: 3 STUNDEN
RUHEZEIT: 48 STUNDEN

FÜR 10 PERSONEN

2 kg Pökelschinken (nur leicht gesalzen)
4 Schweinsfüße
4 Möhren
2 Stangen Lauch
2 gelbe Zwiebeln
6 Gewürznelken
2 Stangen Staudensellerie
200 g krause Petersilie
Thymian, Lorbeer
1,5 l Bourgogne aligoté (oder ein anderer trockener weißer Burgunder)
1 Knolle Knoblauch
6 Schalotten
Grob zerstoßener Pfeffer

Den Schinken zum Entsalzen 24 Stunden in kaltes Wasser legen. Das Wasser regelmäßig wechseln.

Den Schinken in reichlich kaltem Wasser aufsetzen, zum Kochen bringen und 45 Minuten garen. Abspülen und mit den Schweinsfüßen, dem geputzten Suppengemüse (Möhren, Lauch, mit Nelken gespickte Zwiebeln, Sellerie, abgezupfte Petersilienstängel), dem Thymian, Lorbeer und etwas Pfeffer in einen großen Topf geben. Den Weißwein und so viel Wasser zugießen, dass die Zutaten vollständig bedeckt sind. Zugedeckt 2 Stunden und 30 Minuten garen (das Fleisch sollte am Ende so zart sein, dass es förmlich zerfällt).

Den Schinken herausnehmen und in grobe Würfel schneiden (die Schweinsfüße für einen anderen Zweck zurücklegen). Die Brühe durch ein Sieb passieren, auf 1 Liter einkochen und abkühlen lassen. Die Petersilie, den Knoblauch und die Schalotten hacken. In eine Terrinen- oder Kastenform immer abwechselnd eine Lage Fleischwürfel und eine Lage der Petersilien-Schalotten-Knoblauch-Mischung einschichten (Sie können auch die gegarten Möhren aus der Brühe mit verwenden). Zuletzt mit der erkalteten Brühe auffüllen.

Den Osterschinken im Kühlschrank 48 Stunden durchkühlen lassen. Dazu passt am besten eine Vinaigrette mit Senf und Schalotten.

Diese Schinkenterrine, eine Spezialität aus der Bourgogne, wird traditionell zu Ostern gegessen, wenn das Pökelfleisch aus den Salzfässern herausgenommen wird.

Schweinskopfsülze mit Petersilie

VORBEREITUNG: 1 STUNDE
GARZEIT: 4 STUNDEN

ERGIBT 1 TERRINE VON 1 KILOGRAMM

½ Schweinskopf mit der Zunge (beim Metzger vorbestellen)
300 g Schweinenacken
2 Schweinsfüße
2 weiße Rüben
2 Möhren
2 Stangen Lauch
2 Zwiebeln
4 Gewürznelken
3 Lorbeerblätter
1 Bund krause Petersilie
2 Schalotten
Salz und frisch gemahlener Pfeffer

Die Rüben schälen, den Lauch putzen, die Zwiebeln mit den Nelken spicken. Den halben Schweinskopf, das Nackenfleisch und die Schweinsfüße mit dem Gemüse (außer Petersilie und Schalotten) und dem Lorbeer in einen großen Topf geben. Mit Wasser bedecken, zum Kochen bringen und 4 Stunden garen.

Das Fleisch von Kopf und Füßen restlos ablösen und mit dem zerpflückten Nackenfleisch vermengen. Mit Salz und Pfeffer würzen. Die gegarten Möhren und Lauchstangen in Stücke schneiden und ebenfalls zugeben. Die Petersilie und die Schalotten hacken und unter die Mischung mengen. Inzwischen die Brühe weiter einkochen lassen.

Die Mischung in eine Terrinenform füllen und fest andrücken. Mit der reduzierten Brühe auffüllen und mindestens 24 Stunden im Kühlschrank fest werden lassen.

EINE KLEINE RANDNOTIZ

Diese Schweinskopfsülze wird in der Regel aus den Schlachtresten zubereitet. Dazu wird das Gerippe des ausgebeinten Schweins mit den Füßen und dem Kopf stundenlang in einem riesigen Topf voll Brühe gekocht. Anschließend löst man das Fleisch restlos von den Knochen ab, vermengt es mit einer Persillade (gehackte Petersilie, Kräuter und Knoblauch), füllt die Mischung in eine Terrine und gießt die reduzierte Brühe darüber.

Heiße Schinkenpastete mit Schalottencreme

VORBEREITUNG: 45 MINUTEN
GARZEIT: 45 MINUTEN

ERGIBT EINE TERRINE VON 1 KILOGRAMM

Das Endstück von 1 gekochten Schinken (etwa 400 g)
2 Schalotten
1 Knoblauchzehe
300 g Wurstbrät
100 g geräucherter durchwachsener Speck, in Streifen geschnitten
100 ml Sahne
3 Eigelbe
50 ml Portwein
1 Prise gemahlener Ingwer
1 Prise Curry
1 Prise Quatre-épices (Gewürzmischung aus Zimt, Nelke, Muskatnuss und Pfeffer)
1 Paket ungesüßter Mürbeteig (Fertigprodukt)
1 Paket Blätterteig (Fertigprodukt)
Pergamentpapier

FÜR DIE CREME

4 Schalotten
Etwas Butter
100 ml weißer Portwein
300 ml Sahne

Den Kochschinken, die Schalotten und den Knoblauch fein hacken und mit dem Wurstbrät und den Speckstreifen vermengen. Die Sahne, 2 Eigelbe, den Portwein und die Gewürze zugeben und alles gründlich vermengen.

Den Mürbeteig ausrollen und eine ofenfeste Form so damit auskleiden, dass er leicht über den Rand hinauslappt. Die vorbereitete Farce einfüllen und die Teigränder mit etwas von dem verbliebenen Eigelb bestreichen. Den ausgerollten und passend zurechtgeschnittenen Blätterteig auflegen und die Ränder zum Versiegeln rundherum mit den Fingern fest zusammendrücken. Mit einem spitzen Messer ein kleines Loch aus dem Teigdeckel herausschneiden und einen kleinen »Schornstein« aus Pergamentpapier einführen, damit während des Backens der Dampf entweichen kann. Die Pastete mit Eigelb bestreichen und im vorgeheizten Ofen 45 Minuten bei 160 °C backen.

Für die Creme die Schalotten schälen und in feine Streifen schneiden. In etwas Butter glasig schwitzen und mit dem Portwein ablöschen. Kurz einkochen lassen, die Sahne zugießen und auf kleiner Flamme noch einen Moment reduzieren. Die Pastete heiß und mit etwas Schalottencreme überzogen servieren.

Schweineleberpastete mit Muskatwein

VORBEREITUNG: 30 MINUTEN
RUHEZEIT: 2 STUNDEN

ERGIBT 10 FÖRMCHEN VON JE 100 GRAMM

500 g Schweineleber
3 Schalotten
2 Knoblauchzehen
100 g geräucherter durchwachsener Speck, gewürfelt
12 Wacholderbeeren
1 TL Zucker
2 cl Cognac
600 ml Muscat de Rivesaltes (oder anderer süßer Muskatwein, Sauternes oder weißer Portwein)
300 g leicht gesalzene Butter, raumtemperiert
125 ml Sahne
1 Blatt Speisegelatine
Olivenöl
Salz und frisch gemahlener Pfeffer

Die Leber grob würfeln. Die Schalotten und den Knoblauch schälen und grob hacken. In einer Pfanne etwas Olivenöl erhitzen und die Leberwürfel, den Speck, die Schalotten, den Knoblauch und die zerdrückten Wacholderbeeren von allen Seiten gut Farbe nehmen lassen. Den Zucker einstreuen und mit dem Cognac flambieren. Die Hälfte des Muscat zugießen und sirupartig einkochen lassen. Den Pfanneninhalt mit der Butter und der Sahne in der Küchenmaschine zu einer Farce pürieren und mit Salz und Pfeffer abschmecken.

Die Farce zwei Drittel hoch in kleine Steingutförmchen füllen. Die Gelatine in kaltem Wasser einweichen. Den restlichen Muscat erwärmen und die ausgedrückte Gelatine darin auflösen. Das Weingelee abkühlen lassen, bis es handwarm ist, und jeweils eine kleine Schicht über die Pasteten gießen. Im Kühlschrank fest werden lassen.

Die Leberpastete mit geröstetem Bauernbrot servieren.

Rillons (Grieben)

MARINIERZEIT: 24 STUNDEN
VORBEREITUNG: 15 MINUTEN
LÄSST SICH GUT IM VORAUS ZUBEREITEN
GARZEIT: 2 STUNDEN

FÜR 4 PERSONEN

1 kg frischer Schweinebauch
20 g Salz
1 TL Quatre-épices (Gewürzmischung aus Zimt, Nelke, Muskatnuss und Pfeffer)
350 g Schweineschmalz
3 EL Zucker

Am Vortag das Fleisch mit der Schwarte in Würfel von 5 cm Kantenlänge schneiden und mit dem Salz und den Quatre-épices vermengen.

In einem Schmortopf das Schweineschmalz zerlassen und das Fleisch darin anbraten, bis es rundherum Farbe genommen hat. Die Temperatur auf niedrige Stufe herunterstellen und das Fleisch etwa 2 Stunden sanft schmoren, bis es ganz zart ist. Den Zucker zugeben und karamellisieren lassen.

Rillons schmecken heiß ebenso gut wie kalt.

Grattons Lyonnais

Wenn Sie mit Ihrer Braut mal in Lyon sind und sich zufällig in der Gegend um die Markthalle rumtreiben, gönnen Sie sich auf jeden Fall einen anständigen Bissen zu essen. Aber bloß nicht übers Ohr hauen lassen und immer schön auf den Geldbeutel aufpassen! Und auf alle Fälle mit einem kräftigen Schluck Beaujolais die Kehle spülen. Frisch vom Fass. Aber Sie wissen ja: kein Schoppen ohne ordentliche Grundlage. Das sagten schon die Lyoner Seidenweber. Also lieber erst mal einen großen Teller mit Grattons* verputzen, die sind dick wie Kartoffeln und so lecker, dass man sich alle zehn Finger danach leckt ... Nur keine Bange, die machen kein Bauchweh, das Essen in Lyon ist noch jedem bekommen.

*Grattons sind kleine gebratene Stückchen Schweinebauch, die man in Lyon gern als Imbiss isst oder zum Aperitif serviert.

Schweine-Rillettes

LÄSST SICH GUT IM VORAUS ZUBEREITEN
VORBEREITUNG: 15 MINUTEN
GARZEIT: 4 STUNDEN

ERGIBT 6 GLÄSER VON JE 250 GRAMM

1 kg Schweinefleisch (vorzugsweise Nacken)
200 g geräucherter Schweinebauch
300 g frisches Bauchfett (Flomen)
500 ml trockener Weißwein
2 Zwiebeln
1 Zweig Rosmarin
1 Lorbeerblatt
Salz und frisch gemahlener Pfeffer

Das Bauchfett, den Weißwein, die in Streifen geschnittenen Zwiebeln und die Kräuter in einen Topf geben und auf kleiner Flamme erhitzen, bis das Fett vollständig ausgelassen ist. Das Fleisch und den Bauchspeck in kleine Würfel schneiden, ebenfalls zugeben und alles auf ganz kleiner Flamme 3–4 Stunden sanft garen, bis sich das Fleisch mühelos zerpflücken lässt. Zwischendurch regelmäßig umrühren.

Das Fleisch mit einem Schaumlöffel herausheben und die Kräuter entfernen. Mit Salz und Pfeffer würzen und in die bereitgestellten Gläser füllen (gut andrücken). Mit dem flüssigen Fett auffüllen und erkalten lassen.

Schweine-Confit

VORBEREITUNG: 20 MINUTEN
MARINIERZEIT: 24 STUNDEN
GARZEIT: 2 STUNDEN

ERGIBT 4 GLÄSER VON JE 500 GRAMM

800 g Schweinenacken
800 g frischer Schweinebauch ohne Schwarte
500 g Salz
250 g Zucker
1 TL gemahlener Paprika edelsüß
1 TL getrockneter Thymian
1 Lorbeerblatt
1 kg Entenfett
500 g frisches Bauchfett (Flomen)

Den Schweinenacken und das Bauchfleisch in je 4 Teile schneiden. Das Salz, den Zucker, die Gewürze und das Lorbeerblatt vermengen, das Fleisch mit der Mischung einreiben und 24 Stunden marinieren lassen.

Die Fleischstücke mit einem feuchten Tuch abreiben. Das Entenfett und das Bauchfett in einer Kasserolle auf kleiner Flamme auslassen. Die Fleischstücke in das siedende Fett geben und 2 Stunden schmoren. Es ist gar, sobald es sich mühelos mit einem Spieß einstechen lässt.

In die bereitgestellten Gläser eine Schicht Fett einfüllen und erstarren lassen. Vorsichtig je 1 Stück Nacken und 1 Stück Bauchfleisch einlegen und mit dem restlichen Fett vollständig bedecken.

Schweine-Confit

VORBEREITUNG: 20 MINUTEN
MARINIERZEIT: 24 STUNDEN
GARZEIT: 2 STUNDEN

ERGIBT 4 GLÄSER VON JE 500 GRAMM

800 g Schweinenacken
800 g frischer Schweinebauch ohne Schwarte
500 g Salz
250 g Zucker
1 TL gemahlener Paprika edelsüß
1 TL getrockneter Thymian
1 Lorbeerblatt
1 kg Entenfett
500 g frisches Bauchfett (Flomen)

Den Schweinenacken und das Bauchfleisch in je 4 Teile schneiden. Das Salz, den Zucker, die Gewürze und das Lorbeerblatt vermengen, das Fleisch mit der Mischung einreiben und 24 Stunden marinieren lassen.

Die Fleischstücke mit einem feuchten Tuch abreiben. Das Entenfett und das Bauchfett in einer Kasserolle auf kleiner Flamme auslassen. Die Fleischstücke in das siedende Fett geben und 2 Stunden schmoren. Es ist gar, sobald es sich mühelos mit einem Spieß einstechen lässt.

In die bereitgestellten Gläser eine Schicht Fett einfüllen und erstarren lassen. Vorsichtig je 1 Stück Nacken und 1 Stück Bauchfleisch einlegen und mit dem restlichen Fett vollständig bedecken.

Zweierlei Caillettes (Hackfleischbällchen)

VORBEREITUNG: 1 STUNDE
LÄSST SICH GUT IM VORAUS ZUBEREITEN
GARZEIT: 1 STUNDE 30 MINUTEN

ERGIBT 20 CAILLETTES

1 kg Schweineschulter
500 g Schweineleber
300 g frischer Bauchspeck
200 g geräucherter durchwachsener Speck
1 kleiner Weißkohl
2 Schalotten
5 Knoblauchzehen
1 Bund Petersilie
2 Eier
100 ml Portwein
Schweinenetz (beim Metzger vorbestellen)
Trockener Weißwein
Salz und frisch gemahlener Pfeffer

Den Kohl putzen, in Streifen schneiden und in sprudelnd kochendem Wasser garen, bis er weich ist. Abtropfen lassen und mit einem Küchentuch abtrocknen. Sämtliches Fleisch durch den Fleischwolf drehen und mit Salz und Pfeffer würzen (Sie können es auch von Hand hacken). Die Schalotten, den Knoblauch und die Petersilie hacken und mit den Eiern, dem Portwein und den Kohlstreifen unter das Hackfleisch mengen, bis eine homogene Masse entstanden ist.

Aus der Masse Bällchen von etwa 100 g abdrehen und in Schweinenetz einwickeln (Sie können auch noch kleinere Exemplare formen und als Häppchen zum Aperitif servieren). Die Bällchen dicht an dicht in eine Auflaufform legen und mit Weißwein fast bedecken. Im vorgeheizten Ofen 1 Stunde und 30 Minuten bei 160 °C garen.

Caillettes schmecken heiß ebenso gut wie kalt.

VORBEREITUNG: 1 STUNDE
LÄSST SICH GUT IM VORAUS ZUBEREITEN
GARZEIT: 1 STUNDE 30 MINUTEN

ERGIBT 20 CAILLETTES

1 kg Schweineschulter
500 g Schweineleber
300 g frischer Bauchspeck
800 g Mangold
2 Schalotten
5 Knoblauchzehen
1 Bund Petersilie
2 Eier
100 ml Portwein
Schweinenetz (beim Metzger vorbestellen)
Trockener Weißwein
Salz und frisch gemahlener Pfeffer

Der Kohl wird durch Mangold ersetzt (er ist angeblich bekömmlicher). Die Blätter werden in kochendem Salzwasser kurz blanchiert, die Stiele und Blattrippen zunächst in ganz feine Streifen geschnitten, anschließend blanchiert und schließlich mit 2 zerdrückten Knoblauchzehen in Olivenöl gedünstet.

Dann wie im nebenstehenden Rezept beschrieben fortfahren.

Mangold-Caillettes von Schwager Daniel

Marcou und Paulette

DIE PURE POESIE

Marcou und Paulette verkörpern die Poesie des ländlichen Lebens in Reinkultur. Als treue Lieferanten Pépés versorgten sie viele Jahre lang die Metzgerei mit Schweinen, Rindern, Kälbern und Lämmern.

Marcous größte Leidenschaft sind Caillettes, Hackfleischbällchen. In Pépés Caillettes meint er, deren Vollendung gefunden zu haben. Seine Begeisterung ist wirklich ansteckend. Jedes Mal, wenn er ins Schwärmen gerät, packt einen dieser unbändige Caillettes-Hunger und will augenblicklich gestillt werden ...

*

Schweinezunge mit Sauerampfer

VORBEREITUNG: 30 MINUTEN
GARZEIT: 45 MINUTEN

FÜR 6 PERSONEN

6 Schweinezungen (beim Metzger vorbestellen)
2 Zwiebeln
2 Möhren
1 Stange Lauch
800 g mittelgroße, fest kochende Kartoffeln
2 Schalotten
3 Scheiben (1 cm dick) geräucherter Bauchspeck
Olivenöl
1 kleines Glas Sauerampfer (gibt es in russischen Feinkostläden; oder frischen Sauerampfer blanchieren)
200 ml Muscat oder anderer Süßwein
200 ml Sahne

Die Zwiebeln und die Möhren schälen. Den Lauch putzen und waschen. Die Schweinezungen in einer Kasserolle mit Wasser bedecken und das Gemüse zugeben. Zum Kochen bringen und 45 Minuten garen. Die Kartoffeln gründlich waschen, halbieren und in kochendem Wasser bissfest garen. Die Schalotten schälen und in dünne Streifen schneiden. Den Speck grob würfeln. Die Kartoffeln mit dem Speck und den Schalotten in Olivenöl goldbraun braten.

Den Sauerampfer mit dem Muscat erhitzen, die Sahne zugießen und etwas einkochen lassen.

Die Haut der Zungen abziehen und das Fleisch in Scheiben schneiden.

Auf jedem Teller fächerförmig eine Schweinezunge anrichten, mit den Bratkartoffeln garnieren und mit dem Sauerampfer in Sahne überziehen.

Salat von jungem Spinat und knusprig gebratenen Schweinsohren

VORBEREITUNG: 30 MINUTEN
GARZEIT: 1 STUNDE

FÜR 6 PERSONEN

3 Schweinsohren (beim Metzger vorbestellen)
2 Schalotten
5 g frischer Ingwer
1 Bund Schnittlauch
100 ml Rapsöl
400 g junger Spinat
Himbeeressig
Öl zum Braten

Die Schweinsohren in reichlich kochendem Wasser 1 Stunde garen. Abkühlen lassen.

Die Schalotten und den Ingwer schälen und fein hacken. Den Schnittlauch in Röllchen schneiden und mit den Schalotten, dem Ingwer und dem Rapsöl vermengen. Den Spinat waschen und, falls nötig, die Stiele entfernen.

Die abgekühlten Schweinsohren in dünne Streifen schneiden und in der sehr heißen Pfanne in Öl goldbraun braten. Mit Himbeeressig ablöschen und die Röststoffe vom Pfannenboden losrühren. Die Marinade etwas abkühlen lassen, den Spinat darin wenden und mit den Schweinsohren dekorativ auf Tellern anrichten.

Gefüllte Schweinsohren

VORBEREITUNG: 20 MINUTEN
GARZEIT: 3 STUNDEN

FÜR 6 PERSONEN

3 Schweinsohren (beim Metzger vorbestellen)
3 Schweinefüße
100 g Kalbsbries
1 Zwiebel
3 Möhren
2 Gewürznelken
1 Stange Lauch
1 Zucchini
2 Tomaten
50 g Foie gras
1 Schalotte
3 Zweige Estragon
3 Schnittlauchhalme
Salz und frisch gemahlener Pfeffer
Frischhaltefolie

FÜR DIE MAYONNAISE

2 Eigelbe
1 TL Balsamico-Essig
1 EL Meaux-Senf (ersatzweise anderer grobkörniger mittelscharfer Senf)
300 ml Olivenöl

Die Zwiebel und die Möhren schälen; die Zwiebel mit den Nelken spicken. Den Lauch putzen und waschen. Die Schweinsohren und Schweinsfüße in einem großen Topf mit reichlich Wasser bedecken. Das Gemüse zugeben und das Wasser zum Kochen bringen. Die Füße 3 Stunden, die Ohren 1 Stunde garen. Eine halbe Stunde vor Ende der Garzeit das Kalbsbries zugeben.

Nach Ende der Garzeit das Fußfleisch ablösen und eines der Schweinsohren in feine Streifen schneiden. Das Kalbsbries und die Möhren fein würfeln. Sämtliches Fleisch und die Möhrenwürfel vermengen.

Die Zucchini in kleine Würfel schneiden und kurz in kochendem Wasser blanchieren. Die Tomaten mit kochendem Wasser überbrühen, enthäuten, Samen entfernen und das Fruchtfleisch fein würfeln. Die Foie gras ebenfalls in kleine Würfel schneiden. Die Schalotte und den Estragon fein hacken, den Schnittlauch in Röllchen schneiden. Sämtliche Zutaten unter die Fleischmasse mengen (dies sollte geschehen, solange das Fleisch noch warm ist). Abschmecken.

Ein noch warmes Schweinsohr mit der vorbereiteten Mischung füllen und das verbliebene Ohr entgegengesetzt darauflegen. Fest in Frischhaltefolie einwickeln und im Kühlschrank erkalten lassen.

Aus den angegebenen Zutaten eine Mayonnaise zubereiten. Die gefüllten Schweinsohren in Scheiben schneiden und mit der Mayonnaise servieren.

Schweinsfußwurst mit Walnussöl und karamellisierten Zwiebeln

VORBEREITUNG: 30 MINUTEN
GARZEIT: 3 STUNDEN

FÜR 6 PERSONEN

10 Schweinsfüße
3 Möhren
3 gelbe Zwiebeln
1 Stange Lauch
200 g geräucherter durchwachsener Speck, am Stück
1 Bund Petersilie
3 Lorbeerblätter
200 ml Walnussöl
Brauner Zucker
Balsamico-Essig
1 Bund Schnittlauch, in Röllchen geschnitten
1 rote Zwiebel, in Ringe geschnitten
Salzblüte (Fleur de sel)
Grob zerstoßener Pfeffer
Frischhaltefolie

Die Möhren und die gelben Zwiebeln schälen. Den Lauch putzen und waschen. Die Schweinsfüße, den Speck, 2 gelbe Zwiebeln, die Möhren, den Lauch, die Petersilienstängel und den Lorbeer in einem Topf mit reichlich Wasser bedecken, zum Kochen bringen und 3 Stunden garen. In einer Pfanne die Hälfte des Walnussöls erhitzen. Die gegarten gelben Zwiebeln in Streifen schneiden und darin auf kleiner Flamme anschwitzen, ohne sie Farbe nehmen zu lassen. Die Schweinsfüße auslösen, mit dem Speck fein hacken und mit den geschmolzenen Zwiebeln vermengen. Mit Salz und Pfeffer abschmecken.

Die Farce auf Frischhaltefolie zu Würsten von 3 cm Durchmesser formen und fest einwickeln. Im Kühlschrank fest werden lassen.

Die verbliebene gelbe Zwiebel in Streifen schneiden und in dem restlichen Öl bei starker Hitze braten. Einen Teelöffel braunen Zucker einstreuen und die Zwiebelstreifen darin karamellisieren lassen. Die Schweinsfußwurst in 5 mm dicke Scheiben schneiden, auf Tellern anrichten und unter dem Grill kurz heiß werden lassen. Mit einer Vinaigrette aus Walnussöl und Balsamico-Essig überziehen und mit Salzblüte und zerstoßenem Pfeffer würzen. Mit Schnittlauchröllchen und den roten Zwiebelringen garnieren.

Crépinettes (Hackfleischbällchen) mit Spinat und Nüssen auf knusprigen Kartoffelpuffern

VORBEREITUNG: 20 MINUTEN
GARZEIT: 3 STUNDEN UND 10 MINUTEN

FÜR 6 PERSONEN

6 Schweinsfüße
3 Schweinsohren (beim Metzger vorbestellen)
100 g frischer Schweinebauch
400 g Blattspinat
3 Knoblauchzehen
Zeste von 1 unbehandelten Zitrone
10 g Haselnusskerne, grob gehackt
10 g Mandelkerne, grob gehackt
10 g Walnusskerne, grob gehackt
200 g Schweinenetz (beim Metzger vorbestellen)

6 vorwiegend fest kochende Kartoffeln
1 Zwiebel
1 Bund Schnittlauch, in Röllchen geschnitten
2 Eier
150 g Crème fraîche
Olivenöl
Salz und frisch gemahlener Pfeffer

Die Schweinsfüße, Schweinsohren und das Bauchfleisch in reichlich kochendem Wasser 3 Stunden garen. Das Fußfleisch ablösen und mit dem restlichen Fleisch grob hacken. Den Spinat entstielen und waschen. Den Knoblauch schälen, Keimlinge entfernen und grob hacken. In einem großen Topf etwas Olivenöl erhitzen und den Knoblauch darin Farbe nehmen lassen. Den Spinat, die Zitronenzeste, die Nüsse und Mandeln und das Fleisch zugeben. Salzen, pfeffern und die Masse langsam eindicken lassen.

Aus der Masse 6 Bällchen formen und in Schweinenetz einwickeln. Bis zur weiteren Verwendung in den Kühlschrank stellen (sie halten sich mehrere Tage).

Die Kartoffeln und die Zwiebel schälen und reiben. Die Hälfte der Schnittlauchröllchen und die Eier untermengen und salzen. Die Masse in einer heißen Pfanne in Olivenöl wie einen großen Kartoffelpuffer backen. Sobald der Kartoffelkuchen von der einen Seite schön braun ist, wenden und von der anderen Seite fertig backen. (Sie können wahlweise einen großen Kartoffelkuchen backen und anschließend in »Tortenstücke« schneiden oder mehrere kleine Kartoffelpuffer zubereiten.)

Die Crème fraîche mit 1 EL Olivenöl und den restlichen Schnittlauchröllchen verrühren. Die vorbereiteten Hackbällchen in der Pfanne goldbraun anbraten und im 180 °C heißen Ofen in etwa 10 Minuten fertig garen. Jeweils ein Hackbällchen auf einem Kartoffelkuchen anrichten und mit der Schnittlauchcreme überziehen.

Original Fleischerkuchen

VORBEREITUNG: 30 MINUTEN
GARZEIT: 45 MINUTEN

ERGIBT 1 KUCHEN

100 g geräucherter durchwachsener Speck
100 g gekochter Schinken
100 g scharfe Chorizo
3 Schalotten
300 g Mehl
1 Päckchen Backpulver
4 Eier
100 ml Weißwein
200 ml Milch
Olivenöl
Butter für die Form

Die Schalotten schälen, hacken und in der Pfanne in etwas Olivenöl Farbe nehmen lassen. Das Mehl sieben und mit dem Backpulver, den Eiern, dem Weißwein, der Milch und 2 Esslöffeln Olivenöl zu einem homogenen Teig verarbeiten.

Den Speck, Schinken und die Chorizo grob würfeln und mit den gerösteten Schalotten unter den Teig mengen. Eine Kastenform ausbuttern, den Teig einfüllen und im vorgeheizten Ofen 45 Minuten bei 160 °C backen.

Januar
irgendwo in den Landes
das Pasteten-Team

Stéphane

Pompon

WIE ENTSTEHT EIGENTLICH SO EIN PASTETEN-TEAM?

Zunächst einmal muss man das Glück haben, die richtigen Leute zur richtigen Zeit zu treffen. Ein paar gemeinsame Pints Guinness in einem irischen Pub am Vorabend eines Rugby-Matches des Fünf-Nationen-Turniers (heute sind es sechs, das macht uns nicht eben jünger!), eine Zigarre in der Kongresshalle am Spieltag selbst und ein paar gemeinsam geschmetterte Lieder in einem weiteren Pub nach dem Spiel waren für mich die Initialzündung. Eine erste zufällige Begegnung, doch allen war klar, dass dies unweigerlich der Beginn einer großen Freundschaft ist ...

Ein Pasteten-Team verlangt große Aufmerksamkeit bei der Auswahl der Mitglieder. Zunächst braucht man einen Jacquy, unverzichtbarer Coach einer solchen Equipe. Er ist der Kopf der Mannschaft, der Macher des Moments. Heute findet man kaum noch einen Jacquy, es sei denn, man stolpert in der Schenke des örtlichen Rugbyclubs über ihn. Sollte er Ihnen über den Weg laufen, lassen Sie ihn nicht entwischen, so ein Jacquy ist unbezahlbar!

Kiki Pompon

Wo Jacquy ist, ist Pompon, ein weiterer Grandseigneur in der Welt der Pasteten und Terrinen, nicht weit. Er treibt lieber das »Schweinchen« über den Bouleplatz als den Korken in die Flasche. Pompon ist Organisator und Rückgrat des Teams, ein Meister seines Metiers und ein wandelnder Almanach für jede Pâté, die etwas auf sich hält. Auch Sanftmut ist der Clubatmosphäre zuträglich, am besten in Gestalt von Kiki Pompon und Catie ... Doch Vorsicht, hinter der vordergründigen Besonnenheit lodert eine Glut, die schnell eine Feuersbrunst entfachen kann (tippen Sie ja nicht das Thema einheimische Kuchenformen an!).

Wer wie ich das Glück hat, diese Menschen zu kennen und Teil des Teams zu sein, hat so viel Spaß, dass er jedes Mal ungeduldig wie ein Kind vor der Weihnachtsbescherung die nächste Pasteten-Party herbeisehnt.

* Jacquy

Jacquy

IMMER VORNE DRAN

Ein Stürmer der ersten Reihe. Erbe des Rezeptes der Ur-Pastete und alles ordnende Hand der nachmittäglichen Pâté-Sitzungen. Jacquy ist unschlagbar, wenn es um die Wurst geht, besonders um die lang gezogene, die mit den zwei Enden. Er pflegt einige sehr persönliche Eigenarten, die nicht unwesentlich zu seinem Renommee beigetragen haben. So muss die Wurst in gestreckter Form über Weinreisig geräuchert werden, der mit dem Sportteil des Sud-Ouest-Courier entzündet wird. Offenbar lässt sich beim Anblick der aufsteigenden Rauchspiralen wunderbar von sportlichen Heldentaten im blauen Trikot mit gallischem Hahn auf irgendeinem Rugbyplatz in der Bretagne träumen. Gewisse Herrschaften aus der Gegend aber machten sich nun einen Spaß daraus, die Wurst in Ringform zu räuchern und mit einem ganz anderen Käseblatt anzufeuern, wohl um das Temperament des Stürmers Jacquy in Wallung zu bringen. Ich vermute ja, dass irgendeine uralte Fehde unter Rugbyisten zu diesem Zerwürfnis in der Welt der Würste geführt hat. (Anstifter dieses Putsches ist kein Geringerer als Bernard, aber jetzt sage ich nichts mehr, die Untersuchungen laufen noch ...)

Wie dem auch sei, dank Jacquy obsiegte die Tradition, die Wurst wird weiterhin der Länge nach geräuchert, die Pâté-Nachmittage sind noch zahlreicher geworden und die Armagnac-Produzenten können in eine rosige Zukunft blicken.

+ Catie

VERDIENTE EHEFRAU VON JACQUY.

Sie wacht über das rechte Maß der Zutaten und Gewürze, schmeckt die Farce ab, gibt ihr Okay und hält Exzesse im Zaum.

Pompon

DOKTOR DER PÂTÉ-WISSENSCHAFTEN AUS DER GEGEND UM SAUTERNES

Schüler von Jacquy und Experte für Digestifs

Er ist ein Sammler feiner Tropfen und offizieller Armagnac-Lieferant der Mannschaft. Ohne Armagnac wäre die Pâté eine ziemlich traurige Angelegenheit – Pompon übrigens auch!

Er ist die Seele der Pâté, Mitstreiter der ersten Garde und ein Ausbund an guter Laune. Er lässt sich nicht zweimal bitten, wenn wieder einmal die Stunde der Pâté schlägt.

*

Kiki Pompon

VERDIENTE EHEFRAU VON POMPON

Sie ist die Vielseitigkeit in Person, Mittlerin zwischen dem unverzichtbaren Piment d'Espelette und der Farce, Gestalterin des Abendprogramms, Fandango-Tänzerin, Chefin des Orchesters ... Kiki Pompon hat keinen Grund, so rot zu werden wie ihr Piment d'Espelette – so rot wie die Pâté aber schon!

*

Pâté mit Piment d'Espelette wie bei Jacquy*

VORBEREITUNG: 1 TAG ODER LÄNGER (JE NACHDEM WIE VIELE FREUNDE HELFEN)
GARZEIT: 3 STUNDEN (DA KOMMEN SCHON EIN PAAR GLÄSCHEN ZUSAMMEN)

ERGIBT 15 GLÄSER VON JE 250 GRAMM

2,5 kg frischer Schweinebauch
800 g Schweineleber
Jacquy (besser, wenn er dabei ist)
4 gelbe Zwiebeln
8 Knoblauchzehen
3 Eier
25 g Salz
15 g frisch gemahlener Pfeffer
15 g Piment d'Espelette (gemahlener mittelscharfer Chili), ersatzweise 10 g Cayennepfeffer
Pompon (kein Jacquy ohne Pompon, oder war es umgekehrt? Ich weiß es nicht mehr)
100 ml Armagnac (lieber etwas mehr … man kann ja nie wissen)

Das Bauchfleisch und die Leber grob würfeln und anschließend hacken. Danach erst mal einen trinken, um einen Krampf zu vermeiden. Die Zwiebeln schälen und hacken. Den Knoblauch schälen und die Keime entfernen. Eine Imbisspause einlegen, um den Kohldampf zu vertreiben. Das Fleisch mit den Eiern, den Zwiebeln, dem Knoblauch, Salz, Pfeffer und Piment d'Espelette gründlich vermengen. Pompon bitten, die bereitgestellten Einmachgläser mit etwas Armagnac auszuspülen. Ihn dabei nicht aus den Augen lassen! Den restlichen Armagnac austrinken (falls noch etwas übrig ist).

Die Farce in die vorbereiteten Gläser einfüllen und sorgfältig andrücken. Tief durchatmen …

Die Gläser luftdicht verschließen und in einen Sterilisator oder einen großen Topf stellen und mit einem Gewicht beschweren. Den Topf mit Wasser füllen und 3 Stunden kochen lassen. Zwischendurch regelmäßig den »Wasserstand« kontrollieren (die Gläser sollten stets mit Wasser bedeckt sein).

In der Zwischenzeit die Pâté der letzten Saison probieren und den Termin für die nächste Produktion festlegen. Achtung, Jacquy ist sehr gefragt und häufig ausgebucht!

Die Pâté schmeckt noch besser, wenn man sie einige Monate ziehen lässt.

*Weitere Details siehe folgende Seiten.

FAMILIA WISS
PERCER
POUR
ICI
OUVRIR
MARQUE 4
5 DEPOSEE
Le Parfait

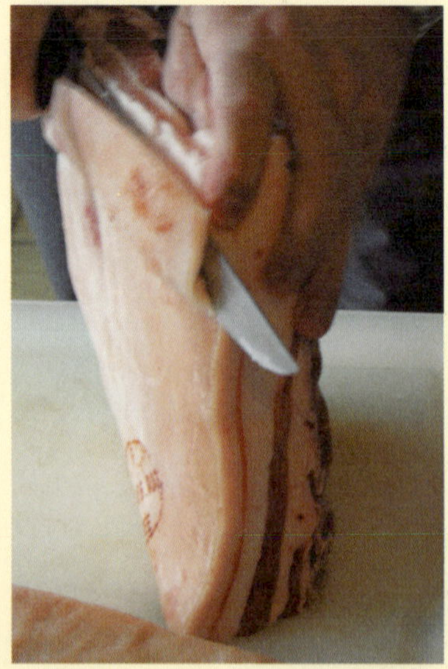

1 Das Bauchfleisch und die Leber grob würfeln und anschließend hacken. Danach erst mal einen trinken, um einen Krampf zu vermeiden.

2 Die Zwiebeln schälen und hacken. Den Knoblauch schälen und die Keime entfernen. Eine Imbisspause einlegen, um den Kohldampf zu vertreiben.

Pâté mit Piment d'Espelette wie bei Jacquy

3 Das Fleisch mit den Eiern, den Zwiebeln, dem Knoblauch, Salz, Pfeffer und Piment d'Espelette gründlich vermengen. Pompon bitten, die bereitgestellten Gläser mit Armagnac auszuspülen. Ihn dabei nicht aus den Augen lassen! Den restlichen Armagnac austrinken (falls noch etwas übrig ist).

4 Die Farce in die vorbereiteten Gläser einfüllen und sorgfältig andrücken. Tief durchatmen …

5 Die Gläser luftdicht verschließen und in einen Steriliastor oder einen großen Topf stellen und mit einem Gewicht beschweren. Den Topf mit Wasser füllen und 3 Stunden kochen lassen. Zwischendurch regelmäßig den »Wasserstand« kontrollieren (die Gläser sollten stets mit Wasser bedeckt sein).

In der Zwischenzeit die Pâté der letzten Saison probieren und den Termin für die nächste Produktion festlegen. Achtung, Jacquy ist sehr gefragt und häufig ausgebucht!

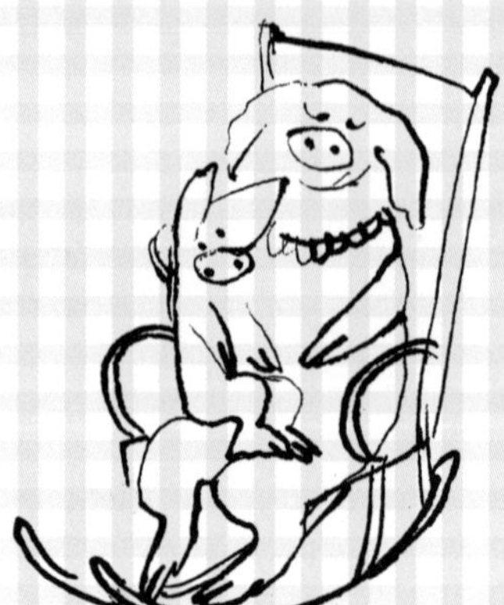

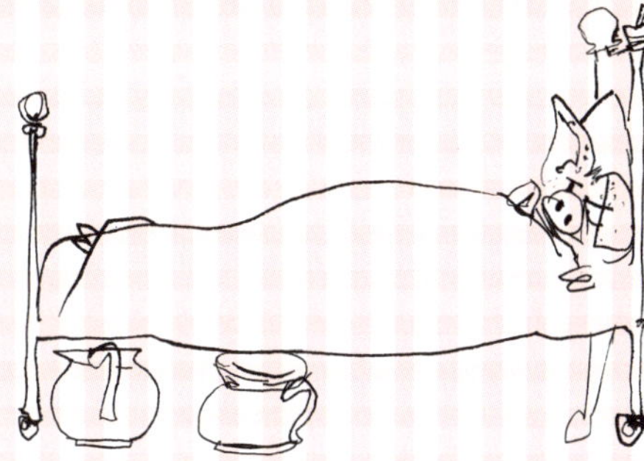

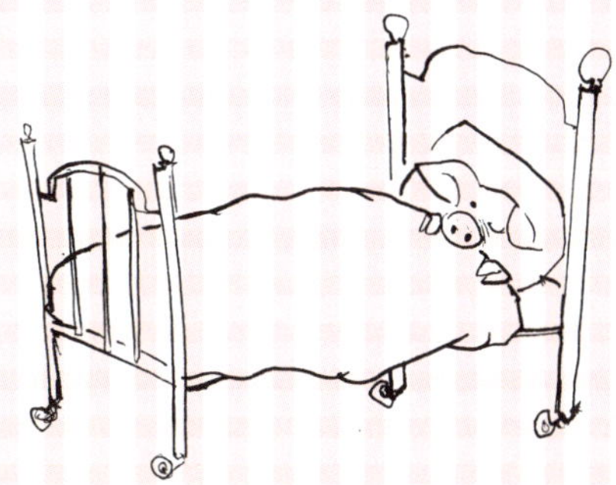

Schwein wie zu Großmutters Zeiten

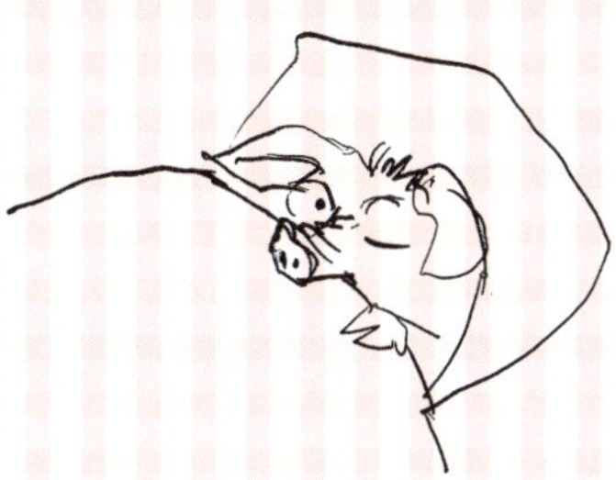

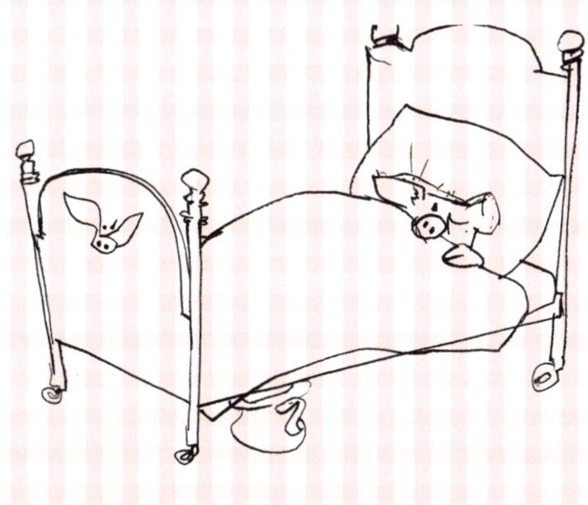

Kohlsuppe mit Schweinebauch

VORBEREITUNG: 20 MINUTEN
GARZEIT: 1 STUNDE

FÜR 6 PERSONEN

6 dicke Scheiben Bauchfleisch
1 Weißkohl
2 Zwiebeln
100 ml Olivenöl und Olivenöl zum Rösten
200 ml trockener Weißwein
3 mehlig kochende Kartoffeln
1 Prise abgeriebene Muskatnuss
3 Knoblauchzehen
200 ml Sahne
Salz und frisch gemahlener Pfeffer

Den Kohl in breite Streifen schneiden, die Zwiebeln schälen und ebenfalls in Streifen schneiden. Das Olivenöl in einem großen Schmortopf erhitzen. Kohl und Zwiebeln hineingeben und unter Rühren anschwitzen. Mit dem Wein ablöschen, die geschälten Kartoffeln und 1 Prise Muskatnuss zugeben und alles mit Wasser bedecken. Das Bauchfleisch einlegen und auf kleiner Flamme etwa 1 Stunde sanft garen, bis das Fleisch zart ist (es sollte förmlich auf der Zunge zergehen).

Das Fleisch herausheben und die Suppe in der Küchenmaschine pürieren. Mit Salz und Pfeffer abschmecken.

Den Knoblauch schälen, in Scheiben schneiden und in Olivenöl goldbraun rösten.

Die heiße Suppe in Schalen füllen und mit jeweils einem Schuss Sahne und einigen Scheiben geröstetem Knoblauch garnieren. Das Fleisch entweder als Einlage in der Suppe oder separat auf einer Scheibe geröstetem Bauernbrot servieren.

Es war einmal ein Kuckuck, der mochte Kohlsuppe wohl, doch am liebsten mit viel Speck und ganz ohne Kohl!

Eintopf mit Eisbein

VORBEREITUNG: 30 MINUTEN
GARZEIT: 3 STUNDEN

FÜR 6 PERSONEN

500 g mild gepökelte Dicke Rippe (Brustspitze)
1 Eisbein
1 Morteau-Wurst (ersatzweise große, grobe, geräucherte Wurst zum Kochen)
6 kleine kräftige grobe Würste zum Kochen
1 Stück geräucherter durchwachsener Speck
1 Weißkohl
3 Stangen Lauch
6 junge Möhren
6 weiße Rüben mit den Blättern
6 fest kochende Kartoffeln
1 Knolle Sellerie
1 Zwiebel
1 Bouquet garni

Den Weißkohl in 6 Spalten schneiden, den Lauch waschen und halbieren, das restliche Gemüse schälen. Das Eisbein mit der Zwiebel und dem Bouquet garni 45 Minuten im Schnellkochtopf garen (oder 2 ½ Stunden in einem herkömmlichen Topf).

Die Dicke Rippe, die Würste und den Speck einlegen und weitere 20 Minuten garen. Zuletzt das Gemüse zugeben und nochmals 20 Minuten garen. Die Morteau-Wurst in 6 Portionen zerteilen.

Den Eintopf schön heiß servieren.

Pökelfleisch mit Rahmlinsen

VORBEREITUNG: 20 MINUTEN
GARZEIT: 2 STUNDEN

FÜR 6 PERSONEN

1,2 kg mild gepökelter Schweinekamm ohne Knochen (oder Schweinebauch)
300 g Puy-Linsen (oder kleine grüne Linsen)
1 Morteau-Wurst (ersatzweise große, grobe, geräucherte Wurst zum Kochen)
200 g geräucherter durchwachsener Speck
2 Möhren
1 Zwiebel, mit 1 Nelke gespickt
1 Bouquet garni
500 ml trockener Weißwein
200 ml Sahne

Das Pökelfleisch mehrmals gründlich abspülen, um überschüssiges Salz auszuschwemmen. Das Fleisch blanchieren und abtropfen lassen. Die Linsen in kaltem Wasser aufsetzen, kurz zum Kochen bringen, abgießen und abspülen. Die Linsen, das Pökelfleisch, die Morteau-Wurst, den Speck, die geschälten Möhren, die gespickte Zwiebel und das Bouquet garni in einen großen Topf geben. Den Wein und so viel Wasser zugießen, dass sämtliche Zutaten bedeckt sind. Zum Kochen bringen und auf kleiner Flamme 1 1/2 Stunden sanft garen.

Zwei Kellen Linsen abnehmen, in der Küchenmaschine pürieren und anschließend mit der Sahne verrühren.

Das Pökelfleisch und die Morteau-Wurst in je 6 Portionen schneiden. Die pürierten Linsen mit den restlichen Linsen verrühren und abschmecken. In Schalen oder auf tiefen Tellern anrichten und das Fleisch separat dazureichen.

Pökelfleisch mit Linsen auf klassische Art

VORBEREITUNG: 30 MINUTEN
GARZEIT: 3 STUNDEN

FÜR 6 PERSONEN

1 leicht gepökelte Haxe
1 kg geräucherte Schweineschulter
600 g leicht gesalzene Schälrippchen
1 Morteau-Wurst (ersatzweise große, grobe, geräucherte Wurst zum Kochen)
2 Bouquets garnis
1 Zweig Rosmarin
6 Wacholderbeeren
3 Möhren
3 Zwiebeln
400 g Puy-Linsen (oder kleine grüne Linsen)
200 ml trockener Weißwein

Sämtliches Fleisch mit 1 Bouquet garni, dem Rosmarinzweig und den Wacholderbeeren in reichlich Wasser garen, bis es zart ist (Haxe und Schulter 2 Stunden, die Schälrippchen 1 Stunde und die Wurst 30 Minuten). Das Fleisch nach Ende der Garzeit in der Brühe lassen.

Während das Fleisch kocht, die Möhren und die Zwiebeln schälen und grob würfeln. Die Linsen in kaltem Wasser aufsetzen, kurz aufkochen, abgießen und abspülen. Mit frischem Wasser bedecken, das verbliebene Bouquet garni, das Gemüse und den Weißwein zugeben, zum Kochen bringen und 30 Minuten auf kleiner Flamme köcheln lassen.

Das Fleisch und die Wurst portionieren und die Linsen abgießen. Fleisch, Wurst und Linsen in einem Topf vermengen, 2 Kellen Fleischbrühe darüberschöpfen und nochmals 15 Minuten behutsam erhitzen.
Sehr heiß servieren.

Schweinebraten wie bei Mama Barbe

VORBEREITUNG: 15 MINUTEN
GARZEIT: 2 STUNDEN

FÜR 6 PERSONEN

1,2 kg Schweinehüfte ohne Knochen
1 kg fest kochende Kartoffeln
12 junge Zwiebeln
500 g Möhren
500 ml trockener Weißwein
1 Bouquet garni
50 g Butter
3 Knoblauchzehen
1 Bund krause Petersilie
Olivenöl
Salz und frisch gemahlener Pfeffer
Salzblüte (Fleur de sel)

Den Schweinebraten rundherum mit Salz und Pfeffer würzen und in einem schweren Topf in Olivenöl von allen Seiten braun anbraten. Den Topf verschließen und das Fleisch auf kleiner Flamme 1 ½ Stunden braten; dabei regelmäßig wenden.

Die Kartoffeln schälen und halbieren. Die jungen Zwiebeln schälen und etwa 5 cm Grün stehen lassen. Die Möhren schälen und schräg in Stäbe schneiden.

Den Braten mit dem Wein übergießen, dann die Kartoffeln, die Möhren, die Zwiebeln, das Bouquet garni und die Butter zugeben. Salzen und pfeffern und zugedeckt weitere etwa 30 Minuten garen, bis die Kartoffeln weich sind.

Den Knoblauch schälen, den Keim entfernen. Knoblauch und Petersilie grob hacken.

Den Braten mit dem Gemüse anrichten. Mit etwas Salzblüte würzen und die Kartoffeln mit der Knoblauch-Petersilien-Mischung bestreuen.

Ein Braten im Speckmantel

VORBEREITUNG: 15 MINUTEN
GARZEIT: 1 STUNDE 30 MINUTEN

FÜR 6 PERSONEN

1,2 kg magerer Schweinebraten ohne Knochen (z.B. Rücken)
6 Knoblauchzehen
50 g Butter
3 Zweige Rosmarin
10 dünne Scheiben frischer Bauchspeck
Salz und frisch gemahlener Pfeffer
Küchengarn

Die Knoblauchzehen schälen und längs vierteln. Die Butter in dünne Stäbchen schneiden und bis zur weiteren Verwendung in den Gefrierschrank stellen. Den Rosmarin in kleine Zweige zerteilen.

Den Braten von allen Seiten mit der Messerspitze einschneiden. Die Einschnitte mit den Butterstäbchen, den Knoblauchstiften und den Rosmarinzweigen spicken. Den Braten salzen, pfeffern und mit den Speckscheiben umwickeln. Jede Scheibe mit Küchengarn fixieren.

Das Fleisch auf dem Herd scharf anbraten und im vorgeheizten Ofen bei 120 °C in etwa 1 ½ Stunden fertig braten. Dabei regelmäßig mit dem Bratensaft überziehen.

Gegrillte Schweinekoteletts mit gerösteten Schalotten

VORBEREITUNG: 20 MINUTEN
GAREIT: 15 MINUTEN

FÜR 6 PERSONEN

6 Schweinekoteletts
8 Schalotten
50 g Butter
10 blühende Thymianzweige
Salzblüte (Fleur de sel)
Grob geschroteter Pfeffer

Die Schalotten schälen und in Streifen schneiden. In einer Pfanne 20 g der Butter aufschäumen lassen, die Schalotten hineingeben und bei großer Hitze goldbraun rösten.

In einer zweiten Pfanne die restliche Butter zerlassen, die Koteletts einlegen und bei lebhafter Hitze von beiden Seiten goldbraun braten.

Die gerösteten Schalotten mit dem frischen Thymian vermengen. Die Koteletts mit Salzblüte und geschrotetem Pfeffer würzen und servieren.

Schulterbraten in Milch

VORBEREITUNG: 5 MINUTEN
GARZEIT: 2 STUNDEN

FÜR 6 PERSONEN

1 Schweineschulter von 1,5 kg, ausgelöst
2 l Milch
3 Knoblauchzehen
1 Zweig Thymian
1 Zweig Rosmarin
2 Lorbeerblätter

Die Schweineschulter in einen Schmortopf legen und vollständig mit Milch bedecken. Die geschälten Knoblauchzehen und die Kräuter zugeben und das Fleisch zugedeckt im vorgeheizten Ofen bei 180 °C garen, bis die Milch fast völlig eingedickt ist (1 1/2–2 Stunden).

Der Braten schmeckt heiß genauso gut wie kalt, besonders mit der am Topfboden eingedickten Milch.

Karree vom Jungschwein aus dem Ofen mit gebratener Polenta

VORBEREITUNG: 1 STUNDE
GARZEIT: 1 STUNDE 15 MINUTEN

FÜR 6 PERSONEN

1 Karree (Kotelettstück) vom Jungschwein mit 6 Koteletts
1 l Milch
200 g Polenta (Maisgries)
4 Eier
6 Knoblauchzehen
3 Schalotten
1 Stück Ingwerwurzel
2 Stängel Zitronengras
200 ml trockener Weißwein
Butter
Olivenöl
Salz und frisch gemahlener Pfeffer
Pergamentpapier

Die Milch zum Kochen bringen. Salzen, die Polenta unter Rühren einrieseln lassen und auf kleiner Flamme rühren, bis die Masse eindickt; sie sollte möglichst trocken sein. Vom Herd nehmen und nacheinander die Eier einarbeiten. Auf kleiner Flamme weitere 10 Minuten garen. Die Polenta auf einem Bogen Pergamentpapier 1 cm dick ausbreiten und kalt stellen.

Den Knoblauch, die Schalotten, den Ingwer und das Zitronengras schälen und grob hacken.

Das Kotelettstück mit Salz und Pfeffer würzen und in einer Bratenpfanne in Olivenöl rundherum anbraten. Sämtliche Aromabeigaben zugeben und mit dem Weißwein ablöschen. Im vorgeheizten Ofen 1 Stunde und 15 Minuten bei 160 °C garen; dabei regelmäßig mit dem Bratensaft überziehen.

Die Polenta in dicke »Pommes frites« schneiden. In einer Pfanne etwas Butter aufschäumen lassen und die Polentastücke darin auf kleiner Flamme goldbraun braten.

Das Fleisch auf einer Platte anrichten, mit der gebratenen Polenta garnieren und servieren.

Schweinskarree in Cidre mit Äpfeln

VORBEREITUNG: 15 MINUTEN
GARZEIT: 1 STUNDE 30 MINUTEN

FÜR 6 PERSONEN

1 Schweinskarree (Kotelettstück) mit 6 Koteletts
500 ml trockener Cidre
3 Zwiebeln
6 große, säuerliche Äpfel
1 Prise gemahlener Zimt
1 Prise gemahlener Ingwer
100 g kalte Butter
Olivenöl
Salz und frisch gemahlener Pfeffer

Das Schweinskarree mit Salz und Pfeffer würzen und in einem Schmortopf in Olivenöl rundherum anbraten. Mit einem Schuss Cidre ablöschen und zugedeckt auf kleiner Flamme 1 Stunde garen (zwischendurch immer wieder mit dem Cidre übergießen).

Die Zwiebeln schälen und grob würfeln. Die Äpfel schälen, entkernen und in Stücke schneiden.

Zwiebeln und Äpfel zu dem Fleisch geben, den restlichen Cidre und die Gewürze untermengen und weiterschmoren, bis die Äpfel fast zerfallen sind.

Das Fleisch aus dem Topf nehmen und 10 Minuten ruhen lassen.

Stückeweise die kalte Butter unter die Sauce rühren. Das Karree in Koteletts tranchieren und mit der Sauce servieren.

Ganzer gebratener Schinken mit Honigkruste und Nelken

MARINIERZEIT: 24 STUNDEN
VORBEREITUNG: 30 MINUTEN
GARZEIT 3 STUNDEN + 1 STUNDE

FÜR VIELE HUNGRIGE ESSER

1 leicht gesalzener Schinken mit Schwarte
4 Möhren
Das Grüne von 1 Stange Lauch
3 Zwiebeln
Thymian, Lorbeer
Gewürznelken (Menge nach Bedarf)
50 g kalte Butter

FÜR DIE MARINADE

1/2 Flasche Côtes du Rhône
100 ml Cognac
200 ml Portwein
2 EL Honig
2 EL Olivenöl
2 EL Quatre-épices (Gewürzmischung aus Zimt, Nelke, Muskatnuss und Pfeffer)
2 EL Currypulver
4 EL Zucker

Falls der Schinken sehr salzig ist, einige Zeit in kaltem Wasser einweichen, um überschüssiges Salz auszuschwemmen. Das Wasser regelmäßig wechseln. Am Vortag den Rotwein, Cognac und Portwein mit dem Honig, Olivenöl und den Gewürzen vermengen. Den Schinken darin einlegen und über Nacht marinieren lassen.

Am folgenden Tag das Gemüse putzen und mit dem Thymian und dem Lorbeer in einen großen Topf geben. Den Schinken einlegen (die Marinade wird später noch gebraucht) und mit reichlich Wasser bedecken. Zum Kochen bringen, die Hitze reduzieren und etwa 1 Stunde pro Kilogramm Fleisch leise köcheln lassen.

Nach Ende der Garzeit den Schinken herausnehmen und abtropfen lassen. Die Schwarte gitterförmig einschneiden und die entstandenen Segmente mit jeweils einer Nelke spicken. Den Schinken in einen großen Schmortopf legen, die Marinade zugießen und im vorgeheizten Ofen bei 180 °C noch 1 Stunde schmoren; dabei regelmäßig mit der Flüssigkeit übergießen (die Haut sollte am Ende schön knusprig und dunkelbraun sein).

Kurz vor dem Servieren den Bratensaft in einen Topf gießen (gegebenenfalls noch etwas einkochen lassen) und die kalte Butter unterschlagen.

Langsam gegartes Eisbein mit Rotkohl

VORBEREITUNG: 20 MINUTEN
GARZEIT: 3 STUNDEN

FÜR 6 PERSONEN

2 Eisbeine
100 g geräucherter durchwachsener Speck, gewürfelt
100 g scharfe Chorizo
2 Zwiebeln
1 Stängel Zitronengras
1 Rotkohl von etwa 2 kg
2 Knoblauchzehen
1 l trockener Weißwein
1 TL gemahlener Kreuzkümmel
1 EL brauner Zucker
Olivenöl

Die Zwiebeln und das Zitronengras schälen, den Rotkohl von Strunk und Außenblättern befreien. Die Zwiebeln und den Rotkohl in Streifen, das Zitronengras in Scheiben schneiden. Die Chorizo in feine Streifen schneiden. Den Knoblauch schälen und hacken.

In einem großen Schmortopf etwas Olivenöl erhitzen und die Zwiebeln, den Knoblauch, den Speck, die Chorizo und das Zitronengras anschwitzen. Den Rotkohl zugeben, kurz mitschwitzen und dann den Weißwein zugießen. Die Eisbeine einlegen, mit dem Kreuzkümmel und dem Zucker würzen und mit Wasser bedecken. Unbedeckt auf kleiner Flamme etwa 3 Stunden garen. Regelmäßig umrühren, damit der Kohl nicht ansetzt (falls nötig, weiteres Wasser zugießen).

Wenn das Fleisch gar ist (sobald es sich vom Knochen löst), die restliche Garflüssigkeit verkochen lassen. Die Eisbeine im Ganzen mit dem Rotkohl servieren.

Glasierte Schweinshaxe mit Kartoffelsalat

VORBEREITUNG: 20 MINUTEN
GARZEIT: 3 STUNDEN AM VORTAG + 20 MINUTEN ZUM FERTIGSTELLEN

FÜR 6 PERSONEN

2 Schweinshaxen
1 EL Sojasauce
1 EL brauner Zucker
1 EL Ketchup
3 EL Pflanzenöl
10 fest kochende Kartoffeln
2 Schalotten
1 Bund Schnittlauch
250 g Frischkäse
1 TL Kastanienhonig
2 EL Rapsöl

Am Vortag die Haxen in kochendem Wasser 3 Stunden garen, bis sie weich sind.

Die Glasur zubereiten: Die Sojasauce, den Zucker, das Ketchup und das Pflanzenöl verrühren. Mit einem Pinsel die Haxen rundherum mit der Mischung bestreichen und 12 Stunden im Kühlschrank marinieren lassen.

Am folgenden Tag die Kartoffeln schälen und kochen (sie sollten noch etwas fest sein). Die Schalotten schälen und hacken; den Schnittlauch in Röllchen schneiden. Schalotten und Schnittlauch mit dem Frischkäse, dem Honig und dem Rapsöl verrühren. Die Haxen im vorgeheizten Ofen bei 180 °C braten, bis sie goldbraun sind. Dabei immer wieder mit dem Bratensaft überziehen.

Die glasierten Haxen anrichten. Die lauwarmen Kartoffeln in Scheiben schneiden, mit der Frischkäsemischung überziehen und separat servieren.

Gefüllter Kohlkopf

VORBEREITUNG: 20 MINUTEN
GARZEIT: 2 STUNDEN

FÜR 6 PERSONEN

1 schöner Kohlkopf (Weißkohl oder Wirsing)
2 Schalotten
2 Knoblauchzehen
100 g Champignons
100 g Maronen aus der Dose
200 g gegartes Schweinefleisch
250 g Wurstbrät
20 g Butter
200 ml trockener Weißwein
Olivenöl
Salz und frisch gemahlener Pfeffer
Frischhaltefolie

Den Kohl vom Strunk befreien und die Blätter voneinander lösen. 12 schöne, große Blätter auswählen und in kochendem Salzwasser blanchieren. Anschließend sofort kalt abschrecken.

Die Schalotten und den Knoblauch schälen und hacken. Die Champignons putzen und mit den Maronen und dem restlichen Kohl ebenfalls hacken. Sämtliche Zutaten in heißem Olivenöl unter Rühren anschwitzen.
Das gegarte Schweinefleisch hacken, mit dem Wurstbrät vermengen und unter das angeschwitzte Gemüse mengen. Mit Salz und Pfeffer würzen.

Die Kohlblätter füllen: Eine runde Schüssel mit den blanchierten Kohlblättern so auskleiden, dass sie über den Rand hinaushängen. Die Füllung hineingeben und vollständig mit den Blatträndern umschließen. Den gefüllten Kohl vorsichtig auf ein großes Stück Frischhaltefolie heben und fest darin einwickeln. Es darf beim Garen kein Wasser durch die Folie dringen. Den Kohl in leise köchelndem Wasser 1 1/2 Stunden garen. Aus der Folie wickeln und in einen Schmortopf legen. Die Butter und den Weißwein zugeben. Zum Kochen bringen und auf kleiner Flamme weitere 30 Minuten sanft schmoren; dabei regelmäßig mit der Garflüssigkeit überziehen.

Baeckeoffa „Schwein pur"
(Elsässer Eintopf nur mit Schweinefleisch)

VORBEREITUNG: 20 MINUTEN
MARINIERZEIT: 12 STUNDEN
GARZEIT: 3 STUNDEN

FÜR 6 PERSONEN

2 gegarte Schweinsfüße
600 g mild gepökelter Schweinekamm ohne Knochen
600 g mild gesalzene Schälrippe
300 g geräucherter Schweinebauch
2 Schalotten
2 Knoblauchzehen
2 Möhren
2 Stangen Staudensellerie
500 ml Riesling
1 kg Kartoffeln
500 g gelbe Zwiebeln
50 g Schweineschmalz
150 g Mehl

Die Schalotten, den Knoblauch und die Möhren schälen. Schalotten und Knoblauch hacken, die Möhren und den Sellerie in dünne Scheiben schneiden. Sämtliches Gemüse in einer großen Schüssel oder einem Topf vermengen und mit dem Riesling übergießen.

Das Fleisch abspülen; das Fußfleisch und den Kamm grob würfeln, die Schälrippen in die einzelnen Rippchen zerteilen. Sämtliches Fleisch in die Rieslingmarinade einlegen und 12 Stunden kalt stellen.

Die Kartoffeln und die Zwiebeln schälen und in dicke Scheiben schneiden. Einen verschließbaren irdenen Topf (im Elsass gibt es spezielle Baeckeoffa-Töpfe, aber auch ein Römertopf eignet sich dafür) mit dem Schweineschmalz einfetten. Den Boden mit der Hälfte der Kartoffeln belegen und die Hälfte der Zwiebeln darauf verteilen. Das Fleisch und das Gemüse einlegen und die restlichen Kartoffeln und Zwiebeln darüberschichten. Mit der Marinade übergießen.

Den Topf verschließen. Zum Versiegeln aus dem Mehl und etwas Wasser einen zähen Teig bereiten und diesen rundherum am Deckelrand aufsetzen und fest andrücken. Den Baeckeoffa im vorgeheizten Ofen (wird ein unglasierter Tontopf verwendet, den Ofen nicht vorheizen) zunächst 1 Stunde bei 200 °C, dann 2 weitere Stunden bei 160 °C garen. In dem Kochgeschirr servieren und den Deckel erst am Tisch abheben.

Sauerkraut Super-Maxi-Royal

VORBEREITUNG: 30 MINUTEN
GARZEIT: 2 STUNDEN

FÜR 6 PERSONEN

1,5 kg gekochtes Sauerkraut
500 ml Riesling
12 fest kochende Kartoffeln
Eine Auswahl verschiedener Würste (Frankfurter, Montbéliard, Morteau, Kochwurst, Knoblauchwurst, Boudin ...)
Räucherspeck
Bauchfleisch, gegart
Haxe, gegart
Dicke Rippe (Brustspitze), gegart
Mild gepökelter Schweinekamm, gegart

Für ein gutes Sauerkraut braucht man zuallererst einen guten Metzger!

Das Sauerkraut mit dem Riesling in einem großen Schmortopf erhitzen. Die Kartoffeln schälen und in kochendem Salzwasser garen. Das gegarte Fleisch und die Würste in kochendem Wasser erhitzen und anschließend unter das Sauerkraut in den Schmortopf schichten.

Den Topf mit einem Deckel verschließen und noch weitere 15 Minuten garen, bis sämtliche Zutaten durch und durch heiß sind. Die Salzkartoffeln als Beilage reichen.

Schweineragout mit weißen Bohnen und Salbei

EINWEICHZEIT: 24 STUNDEN
VORBEREITUNG: 20 MINUTEN
GARZEIT: 2 STUNDEN

FÜR 6 PERSONEN

1 kg ausgelöster Schweinerücken
500 g getrocknete weiße Bohnen
1 Bouquet garni
2 Zwiebeln
3 Knoblauchzehen
25 g Schweineschmalz
1 EL Mehl
500 ml trockener Weißwein
20 Salbeiblätter
6 vollreife Tomaten, enthäutet
1 EL Tomatenmark
Salz und frisch gemahlener Pfeffer

Die Bohnen über Nacht in kaltem Wasser einweichen. In einem großen Topf mit reichlich frischem Wasser bedecken. Kurz aufkochen, abgießen und abspülen. Die Bohnen mit frischem Wasser bedecken, das Bouquet garni einlegen und erneut zum Kochen bringen. Auf kleiner Flamme 1 ½ Stunden garen.

Das Fleisch in große Würfel schneiden. Die Zwiebeln und den Knoblauch schälen, die Zwiebeln in Streifen schneiden, den Knoblauch zerdrücken. Das Schweineschmalz in einem Schmortopf erhitzen und das Fleisch darin rundherum anbraten. Zwiebeln und Knoblauch zugeben und ebenfalls Farbe nehmen lassen. Das Mehl darüberstäuben und kurz mitschwitzen. Den Wein zugießen, den Salbei, die Tomaten und das Tomatenmark einrühren und alles 30 Minuten leise köcheln lassen. Die Bohnen untermengen und je nach Flüssigkeitsmenge im Topf noch etwas Bohnenwasser zugießen.

Das Ragout weitere 30 Minuten auf kleiner Flamme schmoren und mit Salz und Pfeffer abschmecken.

Gebratener Schweinebauch mit Kartoffelrosetten

VORBEREITUNG: 20 MINUTEN
GARZEIT: 2 STUNDEN

FÜR 6 PERSONEN

6 Scheiben (je 200 g) frischer durchwachsener Schweinebauch
1 l trockener Weißwein
1 EL Instant-Kalbsfond
1 TL Paprikapulver
1 TL Curry
1 TL Safranfäden
1 TL gemahlener Ingwer
1 TL gemahlener Kreuzkümmel
2 EL brauner Zucker
3 Knoblauchzehen, gehackt
6 vorwiegend fest kochende Kartoffeln
Butter
Pflanzenöl zum Braten
Salz

In einer Bratenpfanne die Bauchscheiben in etwas Öl von beiden Seiten braun anbraten. Mit dem Weißwein ablöschen und die Röststoffe vom Pfannenboden losrühren.

In einem Topf 1 Liter Wasser zum Kochen bringen. Den Kalbsfond, die Gewürze, den Zucker und den Knoblauch einrühren. Die Mischung über das Fleisch in die Bratenpfanne gießen und im vorgeheizten Ofen bei 180 °C schmoren, bis die Flüssigkeit vollständig verdampft ist (dabei das Fleisch regelmäßig wenden und mit dem Bratensaft übergießen). Nach Ablauf der Garzeit sollte das Fleisch zart und goldbraun karamellisiert sein (falls es nicht gar ist, noch etwas Wasser zugießen und die Garzeit entsprechend verlängern).

Die Kartoffeln schälen und in feine Scheiben schneiden. In einer beschichteten Pfanne die Butter aufschäumen, die Kartoffelscheiben portionsweise wie eine Rosette einlegen, salzen und von beiden Seiten bei lebhafter Hitze goldbraun braten.

Auf jeden Teller eine Kartoffelrosette legen und das Fleisch darauf anrichten.

Pot-au-feu vom Schwein mit fast vergessenem Gemüse

VORBEREITUNG: 45 MINUTEN
GARZEIT: 1 STUNDE

FÜR 6 PERSONEN

6 Scheiben leicht gepökelter Schweinekamm
6 Stücke frischer Schweinebauch
3 Zwiebeln
6 Topinambur
3 Pastinaken
3 Steckrüben
6 Bundmöhren
6 Mairüben (oder Teltower Rüben)
6 Stangen Mini-Lauch
1 Stückchen Ingwerwurzel
10 g Meerrettich
100 g Crème fraîche
1 Glas Cornichons
Öl zum Frittieren
Grobes Salz

Das Kammfleisch gründlich abspülen. Das Gemüse putzen und schälen, die Pastinaken und Steckrüben halbieren und in kaltes Wasser legen. Das gesamte Fleisch, die Zwiebeln und den Lauch in einen großen Topf geben und bis zur doppelten Höhe mit Wasser bedecken. Zum Kochen bringen und 30 Minuten garen.

Das restliche Gemüse zugeben und weitere 30 Minuten garen.

Den Ingwer schälen und in feine Streifen schneiden. In einer Pfanne in etwas Öl bei starker Hitze goldbraun rösten. Den Meerrettich mit der Crème fraîche verrühren.

Jeweils 1 Stück Kamm- und Bauchfleisch auf tiefen Tellern anrichten und mit dem Gemüse garnieren. Etwas Brühe darüberschöpfen und mit dem gerösteten Ingwer bestreuen. Das grobe Salz, die Cornichons und die Meerrettichcreme separat dazureichen.

Schweinebacke in Burgunder nach Großmutterart

VORBEREITUNG: 15 MINUTEN
GARZEIT: 1 STUNDE 30 MINUTEN

FÜR 6 PERSONEN

1,2 kg Schweinebacke (beim Metzger vorbestellen)
2 Zwiebeln, in Streifen geschnitten
2 Knoblauchzehen, zerstoßen
100 g geräucherter durchwachsener Speck, gewürfelt
2 EL Mehl
1 l Côte du Rhône
500 ml Wasser
1 Bouquet garni
800 g Möhren
50 g kalte Butter
Olivenöl
Salz und frisch gemahlener Pfeffer

Die Backen in 2 Hälften schneiden und in einem Schmortopf in etwas Olivenöl von allen Seiten braun anbraten. Salzen und pfeffern. Die Zwiebelstreifen, den Knoblauch und den Speck zugeben und ebenfalls Farbe nehmen lassen. Mit dem Mehl abstäuben und gut verrühren. Den Wein und das Wasser zugießen, das Bouquet garni einlegen und 1 Stunde auf kleiner Flamme garen.

Die Möhren schälen und schräg in dicke Scheiben schneiden. Unter das Fleisch mengen und weitere 30 Minuten schmoren, bis das Fleisch zart und die Sauce von sämiger Konsistenz ist. Mit Salz und Pfeffer abschmecken.

Das Fleisch und die Möhren herausnehmen und die Sauce, falls nötig, auf die gewünschte Konsistenz einkochen lassen. Die kalte Butter zugeben und unter ständigem Schlagen erneut aufkochen. Das Fleisch und die Möhren in der aufgeschlagenen Buttersauce nochmals kurz erhitzen und schön heiß servieren.

Geräucherte Schweineschulter mit Weißkohlsalat

VORBEREITUNG: 20 MINUTEN
GARZEIT: 1 STUNDE 30 MINUTEN

FÜR 6 PERSONEN

1 geräucherte Schweineschulter (etwa 1,5 kg)
1 Möhre
1 Stange Lauch
1 Zwiebel
1 Bouquet garni
1 Weißkohl
2 Eigelbe
1 TL Senf
1 EL Weißweinessig
100 ml Olivenöl
100 ml Sonnenblumenkernöl
1 Schalotte
10 Cornichons
1 Bund Schnittlauch
1 EL Kapern, abgespült
Salz und frisch gemahlener Pfeffer

Die Schweineschulter mit dem geputzten Suppengemüse (Möhre, Lauch, Zwiebel) und dem Bouquet garni in einen Topf geben und mit Wasser bedecken. Zum Kochen bringen und 1 ½ Stunden garen.

Den Kohl vom Strunk befreien, in feine Streifen schneiden, waschen und abtropfen lassen. Aus den Eigelben, Senf, Weinessig und den beiden Ölen eine dicke Mayonnaise zubereiten.

Die Schalotte und die Cornichons in kleine Würfel, den Schnittlauch in feine Röllchen schneiden. Mit den Kapern unter die Mayonnaise rühren und mit Salz und Pfeffer abschmecken. Die Kohlstreifen mit der Mayonnaise vermengen.

Die heiße Schweineschulter tranchieren und servieren. Den Weißkohlsalat separat dazureichen.

Schweinebraten mit Erbsen und frischen Kräutern

VORBEREITUNG: 15 MINUTEN
GARZEIT: 1 STUNDE 30 MINUTEN

FÜR 6 PERSONEN

1,2 kg ausgelöster Schweinerücken (oder Nackenbraten)
3 Schalotten
4 Knoblauchzehen
200 g geräucherter durchwachsener Speck, in Streifen geschnitten
200 ml trockener Weißwein
6 Frühlingszwiebeln
8 Salbeiblätter
2 Zweige frischer Thymian
1 Zweig Rosmarin
2 Lorbeerblätter
1 kg feine Erbsen (tiefgekühlt)
30 g Butter
6 Basilikumblätter
3 Zweige Estragon
Olivenöl
Salz und frisch gemahlener Pfeffer
Salzblüte (Fleur de sel)

Die Schalotten und den Knoblauch schälen. Die Schalotten halbieren, den Knoblauch zerdrücken. Den Schweinebraten salzen, pfeffern und in einem Schmortopf in Olivenöl rundherum braun anbraten.

Die Speckstreifen, die Schalotten und den Knoblauch zugeben und ebenfalls Farbe nehmen lassen. Mit dem Weißwein ablöschen. Die Frühlingszwiebeln, den Salbei, Thymian, Rosmarin und die Lorbeerblätter zugeben und zugedeckt auf kleiner Flamme 1 1/2 Stunden garen. Das Fleisch regelmäßig mit dem Bratensaft überziehen (bei Bedarf noch etwas Wasser zugießen).

Kurz vor dem Ende der Garzeit die Erbsen 5 Minuten in kochendem Salzwasser blanchieren und anschließend abtropfen lassen. Die Butter, das Basilikum, den abgezupften Estragon und zuletzt die Erbsen zu dem Fleisch in den Topf geben. Alles sorgfältig vermengen und mit Salzblüte abschmecken.

Schweinebraten mit Salbei

VORBEREITUNG: 20 MINUTEN
GARZEIT: 1 STUNDE 30 MINUTEN

FÜR 6 PERSONEN

1,2 kg ausgelöster Schweinerücken (oder Nackenbraten)
1 kg vorwiegend fest kochende Kartoffeln
500 g Zwiebeln
100 g frischer Schweinebauch, in Streifen geschnitten
1 Zweig Salbei
3 Lorbeerblätter
500 ml trockener Weißwein
Olivenöl
Salz und frisch gemahlener Pfeffer

Den Braten würzen und in einem Schmortopf in Olivenöl rundherum anbraten. Zugedeckt im vorgeheizten Ofen bei 180 °C etwa 1 Stunde braten. Zwischendurch regelmäßig mit dem Bratensaft übergießen.

Die Kartoffeln und die Zwiebeln schälen und in Scheiben schneiden. Mit den Schweinebauchstreifen vermengen und würzen. Die Mischung mit dem Salbei und dem Lorbeer zu dem Fleisch in den Schmortopf geben und den Wein zugießen.

Zugedeckt im Ofen weitere 45 Minuten bei 180 °C garen (das Gemüse sollte fast zerfallen). Kurz vor dem Servieren mit einem Schuss Olivenöl übergießen.

Andouillettes mit Morcheln in Vin jaune

VORBEREITUNG: 10 MINUTEN
GARZEIT: 20 MINUTEN

FÜR 6 PERSONEN

6 Andouillettes de Troyes AAAAA
50 g getrocknete Morcheln
3 Schalotten
1 Knoblauchzehe
200 ml Vin jaune (»gelber Wein«, Spezialität aus dem Jura, ersatzweise Sherry fino)
400 ml Sahne
Pflanzenöl

Die Morcheln in lauwarmem Wasser einweichen. Die Schalotten und den Knoblauch schälen und hacken. In einem Topf etwas Öl erhitzen und Schalotten und Knoblauch behutsam anschwitzen. Die eingeweichten und gut ausgedrückten Morcheln zugeben und 5 Minuten mitschwitzen. Mit dem Vin jaune oder dem Sherry fino ablöschen und etwas einkochen lassen. Die Sahne zugießen und weiterköcheln lassen, bis die Sauce von sämiger Konsistenz ist.

Die Andouillettes in kleine ovale Gratinpfannen legen, mit der Morchelcreme überziehen und 15 Minuten im 120 °C heißen Ofen erhitzen (die Andouillettes sind bereits gegart, sie sollen nur heiß werden).

GÜTEZEICHEN AAAAA

Das Gelingen dieses Rezeptes hängt in erster Linie von der Qualität der Andouillettes, kleiner Kuttelwürste, ab. Nehmen Sie vorzugsweise Andouillettes aus Troyes, die das Gütesiegel der »Association Amicale d'Amateurs d'Authentique Andouillettes«, der Freunde der »echten« Andouillettes, tragen und ausschließlich aus Kraus-darm und Schweinemagen hergestellt werden.

Betrunkene Andouillettes

VORBEREITUNG: 10 MINUTEN
GARZEIT: 1 STUNDE

FÜR 6 PERSONEN

6 Andouillettes de Troyes AAAAA
4 Zwiebeln
100 g magerer Speck, in Streifen geschnitten
2 cl Cognac
500 ml Côte du Rhône
1 EL Instant-Kalbsfond
20 g Butter
1 TL Mehl

Die Zwiebeln schälen und in Streifen schneiden. Zwiebeln und Speckstreifen in der Pfanne etwas Farbe nehmen lassen. Mit dem Cognac flambieren. Den Wein zugießen und auf die Hälfte einkochen lassen. Den Kalbsfond in 500 ml heißem Wasser auflösen, in die Pfanne gießen und erneut um die Hälfte reduzieren. Mit einer Gabel die Butter mit dem Mehl vermengen und unter die Sauce schlagen. Noch 5 Minuten köcheln lassen, bis die Mehlbutter gebunden hat.

Die Andouillettes in kleine ovale Gratinpfannen legen und mit der Sauce überziehen. Noch für 15 Minuten in den 120 °C heißen Ofen schieben (die Andouillettes sind bereits gegart und sollen nur erhitzt werden).

Variation: Kleine neue Kartoffeln passen gut zu den Andouillettes. Die Kartoffeln im Ganzen kochen, zu den Andouillettes in die Gratinpfannen legen und ebenfalls mit der Sauce überziehen.

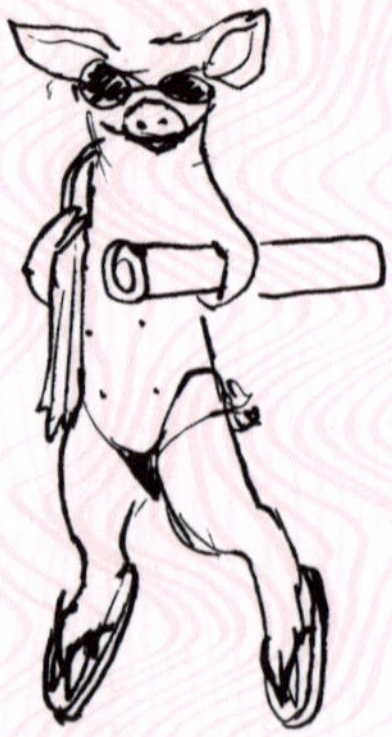

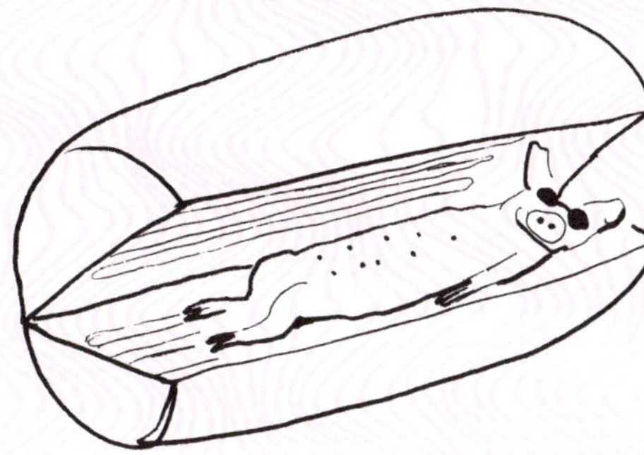

Vom Schweinegrill

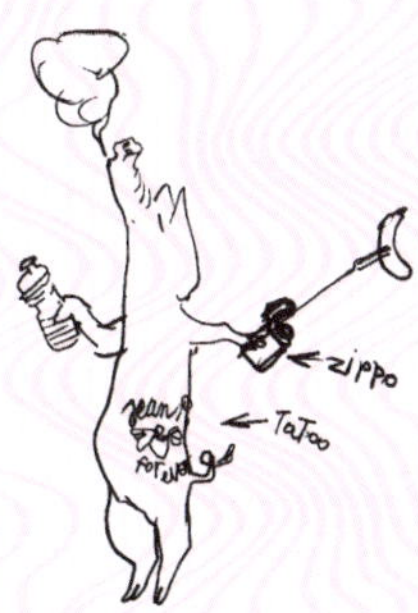

Marinade für 6 Nackensteaks

WÜRZIGE TOMATENMARINADE

2 EL Ketchup
2 EL Sojasauce
2 EL Zitronensaft
2 EL Zucker
2 EL Pflanzenöl
2 Knoblauchzehen, zerstoßen

KOKOSMILCH MIT ZITRONENGRAS

1 Stängel Zitronengras, gehackt
2 Knoblauchzehen, zerstoßen
1 Schalotte, gehackt
4 EL Kokosmilch
2 EL Pflanzenöl
1 EL Kokospulver
1 TL Curry

MEAUX-SENF, OLIVENÖL UND OREGANO

3 EL Meaux-Senf (körniger, mittelscharfer Senf)
4 EL Olivenöl
1 TL Oregano
1 TL Kreuzkümmel

AHORNSIRUP

3 EL Ahornsirup
3 EL Pflanzenöl
1 EL weißer Portwein
2 EL gemahlene Haselnüsse

INGWER-KNOBLAUCH

1 EL frisch gehackter Ingwer
2 Knoblauchzehen, gehackt
3 Zweige Koriandergrün, gehackt
3 EL Olivenöl
1 EL brauner Zucker
2 EL trockener Weißwein

Knusprig gegrillter Bauchspeck

VORBEREITUNG: 5 MINUTEN
GARZEIT: 5 MINUTEN

FÜR 6 PERSONEN

6 Scheiben geräucherter Schweinebauch (je 5 mm dick)
6 Scheiben frischer Schweinebauch (je 5 mm dick)

Die Speckscheiben rundherum mit einer Gewürzmischung einreiben (hier sind der Fantasie keine Grenzen gesetzt, jedoch eignen sich auch bestens die Marinaden von Seite 264).

Die Fleischscheiben in größtmöglichem Abstand von der Glut auf den Grill legen, da sich das herabtropfende Fett leicht entzündet und das Fleisch dann schnell verkohlt. Von beiden Seiten braun und knusprig grillen.

Schweineteilchen vom Grill mit Kräutern

VORBEREITUNG: 5 MINUTEN
GARZEIT: 10 MINUTEN

FÜR 6 PERSONEN

3 gekochte Schweinsfüße, halbiert
3 gekochte Schweinsohren (beim Metzger vorbestellen)
6 gekochte Schweineschwänze (beim Metzger vorbestellen)
Kräuter der Provence

Zum Grillen der Füße, Ohren und Schwänze muss das Fleisch zuvor gekocht werden. Manche Metzger bieten es bereits gegart an.

Die Schwänze in Kräutern der Provence wenden und mit dem anderen Fleisch bei nicht zu großer Hitze grillen. Die Schweineteilchen sollten am Ende goldbraun sein.

Gegrillte Schälrippchen mit Barbecue-Sauce

VORBEREITUNG: 20 MINUTEN
MARINIERZEIT: 12 STUNDEN
GARZEIT: 45 MINUTEN AM VORTAG + 10 MINUTEN ZUR FERTIGSTELLUNG

FÜR 6 PERSONEN

2 kg Schälrippchen
200 g Ketchup
2 EL Maggiwürze
2 EL Sojasauce
1 TL Cognac
2 EL Zucker
4 Knoblauchzehen, gehackt
2 EL Pflanzenöl
1 TL grob geschroteter Pfeffer

Für die Barbecuesauce sämtliche Zutaten gründlich verrühren. Die Rippchen so in Scheiben schneiden, dass jedes Stück eine Rippe aufweist. In kochendem Wasser 45 Minuten garen. Die Rippchen abspülen, abtrocknen und anschließend in die Barbecuesauce einlegen. Im Kühlschrank 12 Stunden marinieren lassen.

Die Rippchen von beiden Seiten grillen, bis sie goldbraun und karamellisiert sind.

Gegrillte Schweinespieße mit Paprika

VORBEREITUNG: 20 MINUTEN
GARZEIT: 15 MINUTEN

FÜR 6 PERSONEN

1 kg ausgelöster Schweinerücken (oder Nackenfleisch)
1 rote Paprikaschote
1 grüne Paprikaschote
1 gelbe Paprikaschote
2 Zwiebeln
1 EL Zucker
1 EL Balsamico-Essig
2 EL Olivenöl
1 EL »ras el hanut« (marokkanische Gewürzmischung)
12 Spieße (Spieße aus Holz zuvor in Wasser einweichen)

Das Fleisch in große Würfel schneiden (rechnen Sie 6 Fleischstücke pro Spieß). Die Paprikaschoten so in Quadrate schneiden, dass Sie 12 Stück pro Schote erhalten. Die Zwiebeln schälen, vierteln und die einzelnen Schichten voneinander lösen. Etwa 36 schöne Blättchen heraussuchen.

Den Zucker mit dem Essig vermengen und auf kleiner Flamme verrühren, bis er sich vollständig aufgelöst hat. Die Mischung mit dem Olivenöl und dem »ras el hanut« vermengen. Die Fleischwürfel in die Marinade einlegen und gründlich darin wenden.

Auf jeden Spieß abwechselnd ein Stück Fleisch, Zwiebel und Paprika (alle drei Farben) stecken. Auf dem gut vorgeheizten Grill von allen Seiten goldbraun grillen. Mit verschiedenen Blattsalaten servieren.

Am Spieß gegrillte Schweinemedaillons

VORBEREITUNG: 20 MINUTEN
GARZEIT: 8 MINUTEN + 30 MINUTEN FÜR DIE KARTOFFELN

FÜR 6 PERSONEN

6 große Backkartoffeln
1,5 kg Schweinefilet (vorzugsweise die Mittelstücke)
18 dünne Scheiben magerer Räucherspeck (ohne Knorpel)
18 kleine Rosmarinzweige
2 Schalotten
10 Schnittlauchhalme
150 g leicht gesalzene Butter, raumtemperiert
Salz und frisch gemahlener Pfeffer
6 Spieße (Spieße aus Holz zuvor in Wasser einweichen)

Die Kartoffeln in Alufolie wickeln und direkt in der Glut 30 Minuten backen.

Die Schweinefilets in insgesamt 18 gleich große Medaillons schneiden. Jedes Medaillon mit einer Scheibe Speck umwickeln und diese mit einem kleinen Zweig Rosmarin an dem Fleisch fixieren. Auf jeden Spieß quer 3 Medaillons stecken (die Schnittflächen sollen auf dem Grill liegen). Mit Salz und Pfeffer würzen und von beiden Seiten 8 Minuten grillen.

Die Schalotten schälen und hacken, den Schnittlauch in Röllchen schneiden. Beides mit einer Gabel mit der Butter vermengen.

Kurz vor dem Servieren die Schweinemedaillons und die Backkartoffeln großzügig mit der Schalottenbutter bestreichen.

Grillwurst in Rotwein aus der Folie

VORBEREITUNG: 10 MINUTEN
GARZEIT: 45 MINUTEN

FÜR 6 PERSONEN

2 große grobe Würste zum Kochen oder Braten
2 Schalotten
2 Zweige Thymian
1 Flasche Saint-Joseph (oder ein anderer Rotwein von der Rhône)

Die Schalotten schälen und hacken. Aus extrastarker Alufolie (möglichst 3 Lagen übereinander legen) 2 großzügig bemessene Hüllen zum Einschlagen der Würste vorbereiten. Die Würste mit der Gabel mehrmals einstechen und in die vorbereitete Hülle legen. Die gehackten Schalotten und je 1 Thymianzweig zugeben und mit jeweils 1/2 Flasche Rotwein übergießen.

Die Folie fest verschließen, sodass keine Flüssigkeit austreten kann, und die Wurst direkt in der Ascheglut 45 Minuten garen.

Die Wurst aus der Folie lösen, in Scheiben schneiden und mit der Weinsauce überzogen servieren.

Gegrilltes Spanferkel

VORBEREITUNG: 45 MINUTEN
GARZEIT: 3 STUNDEN

FÜR 12 PERSONEN

1 Spanferkel, etwa 5–6 Wochen alt
Herz und Leber des Ferkels
400 g geräucherter durchwachsener Speck, gewürfelt
10 Schalotten
1 Bund Petersilie
20 Salbeiblätter
200 g altbackenes Weißbrot (in etwas Sahne eingeweicht)
50 g Dijon-Senf
3 Eier
200 ml Olivenöl
Küchengarn

ZUM ÜBERGIESSEN

1 l trockener Weißwein
500 ml Olivenöl
30 g Dijon-Senf

Bitten Sie Ihren Metzger, das Spanferkel küchenfertig vorzubereiten, und lassen Sie sich auch das Herz und die Leber mitgeben.

Das Herz, die Leber, die geschälten Schalotten und die Kräuter hacken und mit sämtlichen anderen Zutaten zu einer homogenen Farce verarbeiten. Das Spanferkel mit der Farce füllen und mit Küchengarn fest vernähen. Die Füße mit Draht aneinander fixieren. Die Ohren mit Alufolie umwickeln, damit sie nicht verbrennen.

Die Zutaten zum Übergießen verrühren. Das Spanferkel auf den Drehspieß stecken und grillen. Zwischendurch immer wieder mit der vorbereiteten Mischung übergießen.

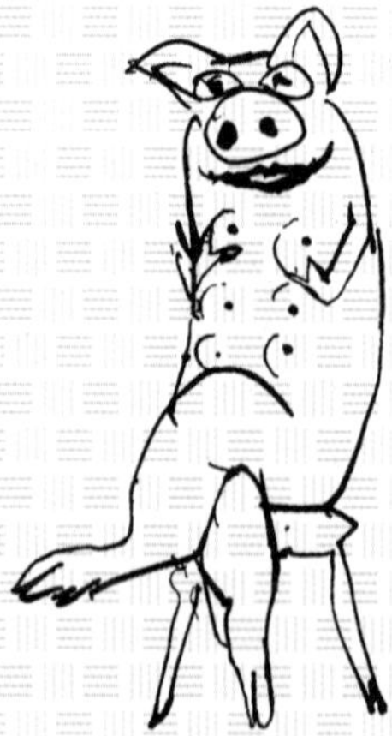

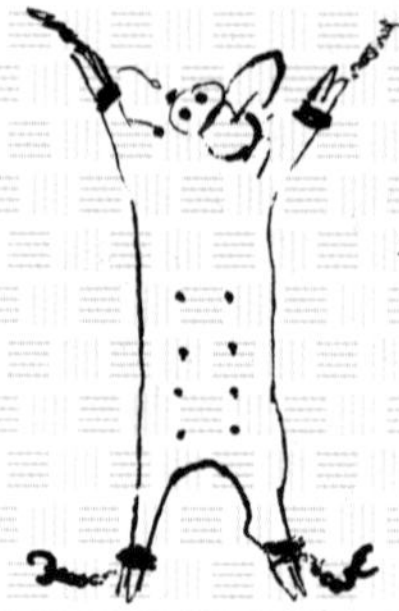

Ein
schweinisch guter
Abend

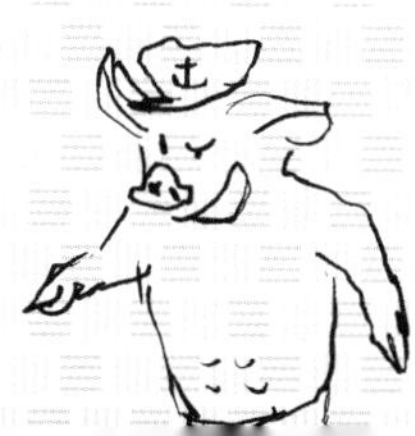

Sellerie-Capuccino mit knusprigem Speck

VORBEREITUNG: 45 MINUTEN
GARZEIT: 45 MINUTEN

FÜR 6 PERSONEN

1 Scheibe roher Schinken
1 Knolle Sellerie
2 große Kartoffeln
1 Zwiebel
1 Stange Lauch
1 Prise geriebene Muskatnuss
100 ml Sahne
200 ml Milch
6 dünne Scheiben geräucherter Schweinebauch
Olivenöl
Salz und frisch gemahlener Pfeffer

Den rohen Schinken im 120 °C heißen Ofen 30 Minuten rösten, bis er sich zerbröseln lässt. Zu einem Pulver zermahlen.

Das Gemüse putzen, schälen und in grobe Würfel schneiden. In einer Kasserolle die Zwiebeln in Olivenöl anschwitzen, den Sellerie, die Kartoffeln, den Lauch und die geriebene Muskatnuss zugeben und alles mit Wasser bedecken. Zum Kochen bringen und auf kleiner Flamme 30 Minuten leise köcheln lassen.

Das Gemüse mit der Brühe in der Küchenmaschine pürieren. Die Sahne unterrühren und leicht mit Salz und Pfeffer würzen.

Von der Suppe 200 ml abnehmen und mit der Milch in der Küchenmaschine aufschäumen.

Das geräucherte Bauchfleisch grillen. Die Suppe in Schalen schöpfen und mit einer Haube aus Sellerieschaum krönen. Mit dem Schinkenpulver bestreuen und mit dem gegrillten Schweinebauch garnieren.

Gemüsebrühe mit Filetstreifen und Sesam

VORBEREITUNG: 45 MINUTEN
GARZEIT: 2 STUNDEN

FÜR 6 PERSONEN

800 g Schweinefilet
2 Stangen Lauch
6 Möhren
2 Stangen Staudensellerie
4 Zwiebeln
1 Bund Petersilie
2 Stängel Zitronengras
1 Bouquet garni
50 g Sesam
1 Bund Koriandergrün
Dunkles Sesamöl (aus geröstetem Sesam)
Olivenöl
Salz und frisch gemahlener Pfeffer

Das Gemüse putzen, schälen und in kleine Würfel schneiden. Die Petersilie hacken, einige Stängel zurückbehalten. In einem Topf etwas Olivenöl erhitzen und die Gemüsewürfel auf kleiner Flamme glasig schwitzen. 2 Liter Wasser zugießen, das Zitronengras, einige Petersilienstängel und das Bouquet garni einlegen und kochen lassen, bis die Hälfte der Flüssigkeit verdampft ist. Das Bouquet garni, Zitronengras und die Petersilienstängel herausnehmen und wegwerfen.

Das Schweinefilet in dünne Streifen schneiden und in der Pfanne scharf anbraten. Salzen, pfeffern, den Sesam zugeben und goldbraun rösten. Das Fleisch mit dem Sesam auf Suppenschalen verteilen. Die Gemüsebrühe mit Salz und Pfeffer abschmecken und mit dem Gemüse über das Fleisch schöpfen. Mit etwas Sesamöl beträufeln und mit gehackter Petersilie und einigen Blättern Koriandergrün garnieren.

Schweinskarree in der Salzkruste mit Ingwer

VORBEREITUNG: 30 MINUTEN
MARINIERZEIT: 24 STUNDEN
GARZEIT: 1 STUNDE 30 MINUTEN

FÜR 6 PERSONEN

1 Schweinskarree mit 6 Koteletts
100 g frische Ingwerwurzel
6 Knoblauchzehen
1 Bund Petersilie
3 EL Olivenöl
2 kg grobes Salz

Am Vortag den Ingwer und den Knoblauch schälen und zusammen mit der Petersilie fein hacken, sodass eine homogene Paste entsteht.

Das Karree an den Rippen leicht einschneiden und mit der vorbereiteten Ingwerpaste einreiben. In Frischhaltefolie wickeln und 24 Stunden im Kühlschrank marinieren lassen.

In einer ofenfesten Form oder einer Bratenpfanne eine Schicht grobes Salz ausbreiten. Das Karree daraufsetzen und mit weiterem Salz vollständig bedecken (Sie können das Salz etwas befeuchten, damit es besser haftet). Im vorgeheizten Ofen 1 1/2 Stunden bei 160 °C backen.

Die Kruste kurz vor dem Servieren aufbrechen und das Fleisch auf einem Brett tranchieren.

Schweinskarree im Heunest

VORBEREITUNG: 15 MINUTEN
GARZEIT: 1 STUNDE

FÜR 6 PERSONEN

1 Schweinskarree mit 6 Koteletts
6 Knoblauchzehen
3 Hände voll Heu
1 Zweig Thymian
200 ml trockener Weißwein
2 Schalotten
6 Knollen Topinambur
Olivenöl
Salz und frisch gemahlener Pfeffer

Den Knoblauch schälen und die Keime entfernen. Die Zehen in kleine Stifte schneiden und das Karree damit spicken. Das Fleisch mit Salz und Pfeffer würzen und in der Pfanne scharf anbraten, bis es rundherum Farbe genommen hat. In einem Schmortopf das Heu zu einem »Nest« ausbreiten. Den Thymian und den Weißwein zugeben. Das angebratene Karree in das Nest aus Heu legen. Die ganzen, ungeschälten Schalotten und die Topinamburknollen um das Fleisch herum verteilen. Zugedeckt im vorgeheizten Ofen 1 Stunde bei 180 °C schmoren.

EINE KLEINE FUSSNOTE

Dies ist ein ganz besonderes Rezept, denn es erinnert mich immer an früher, an die Ferienzeit im Spätsommer, wenn das ganze Land nach Heu riecht ... Verwenden Sie für dieses Rezept also Ihr persönliches, sorgsam ausgewähltes Heu von einem Bauernhof aus Kindheitstagen, den Rest erledigt die magische Kraft der Nostalgie. Ich verwende das Heu von Gué de Marie-Cécile und Marcelou. Kommen Sie und schnuppern Sie mal und Sie werden mich verstehen.

STAUB
STAUB

Gefülltes Schweinefilet mit Steinpilzen

VORBEREITUNG: 45 MINUTEN
GARZEIT: 15 MINUTEN

FÜR 6 PERSONEN

1,2 kg Schweinefilet (3 Mittelstücke von je 400 g)
4 Knoblauchzehen
1 Bund Petersilie
200 g Steinpilze + 6 schöne Exemplare als Garnitur
50 g Butter
18 dünne Scheiben geräucherter Bauchspeck
Olivenöl
Salz und frisch gemahlener Pfeffer

Die Filets der Länge nach so weit aufschneiden, dass sie auseinander geklappt und dann eingerollt werden können. Mit Salz und Pfeffer würzen.

Den Knoblauch schälen und mit der Petersilie hacken. Die 200 g Steinpilze putzen und ebenfalls hacken. Die Hälfte der Pilze mit der Knoblauch-Petersilien-Mischung vermengen. Die Hälfte der Butter in einer Sauteuse aufschäumen und die Steinpilz-Persillade darin kurz anschwitzen.

Die Filets flach ausbreiten und mit der Persillade bestreichen (ein wenig für die Steinpilze zurücklassen). Wieder zusammenrollen und mit jeweils 6 Scheiben Speck umwickeln. Die gefüllten Filets in der Pfanne in Olivenöl 15 Minuten braten, bis sie goldbraun sind. Dabei regelmäßig wenden.

In einer weiteren Pfanne die restliche Butter und Persillade erhitzen. Die 6 ganzen Steinpilze darin braten. Die gefüllten Filets in je 6 Scheiben tranchieren und anrichten. Jeden Teller mit einem gebratenen Steinpilz garnieren und mit etwas Persillade überziehen.

Schweinefilet mit Kräuterkruste und Röstgemüse

VORBEREITUNG: 20 MINUTEN
RUHEZEIT: 1 STUNDE
GARZEIT: 15 MINUTEN

FÜR 6 PERSONEN

1,2 kg Schweinefilet (3 Mittelstücke von je 400 g)
2 Auberginen
2 Zucchini
300 g Cocktail-Tomaten
Olivenöl
Salz und frisch gemahlener Pfeffer

FÜR DIE KRÄUTERKRUSTE

2 Zweige Estragon
2 Zweige Basilikum
2 Zweige Kerbel
1 Schalotte
150 g weiche Butter
100 g Semmelmehl
Salz und frisch gemahlener Pfeffer

Für die Kräuterkruste die frischen Kräuter abzupfen und mit den restlichen Zutaten im Mixer zermahlen. Die Paste zwischen 2 Bögen Pergamentpapier verstreichen und vor der Weiterverarbeitung mindestens 1 Stunde in den Kühlschrank legen.

Die Auberginen und die Zucchini in große Stifte schneiden, die Tomaten entstielen. Das Gemüse in eine gusseiserne Pfanne geben, mit Olivenöl übergießen und auf kleiner Flamme langsam rösten, sodass es noch etwas Biss hat. Mit Salz und Pfeffer würzen.

Die Filets würzen und in der Pfanne in Olivenöl rundherum scharf anbraten. Die Hitze reduzieren und weitere 7–8 Minuten braten. Dabei regelmäßig wenden.

Kurz vor dem Servieren den Backofengrill vorheizen. Das Fleisch zu dem Gemüse in die gusseiserne Pfanne legen. Die erstarrte Kräuterpaste in Bänder von der Größe der Filets schneiden und auf das Fleisch legen. Unter dem Backofengrill gratinieren, bis sich eine Kruste gebildet hat. In der Pfanne servieren.

Schweineragout mit Datteln und getrockneten Aprikosen

VORBEREITUNG: 20 MINUTEN
GARZEIT: 1 STUNDE

FÜR 6 PERSONEN

1,2 kg Schweinenacken ohne Knochen
400 g Zwiebeln
1 TL gemahlener Ingwer
1 TL gemahlener Zimt
1 TL gemahlener Kreuzkümmel
1/2 TL Safranfäden
150 g Datteln
150 g getrocknete Aprikosen
6 Knoblauchzehen
Olivenöl
Salz und frisch gemahlener Pfeffer

Die Zwiebeln schälen und in Streifen schneiden. Das Fleisch in gleichmäßig große Stücke schneiden und in einem Schmortopf in Olivenöl rundherum anbraten. Salzen und pfeffern. Die Zwiebeln und die restlichen Gewürze zugeben und einige Minuten Farbe nehmen lassen. Die Datteln, die getrockneten Aprikosen, den ungeschälten Knoblauch sowie 200 ml Wasser untermengen und zugedeckt im 160 °C heißen Ofen 1 Stunde garen.

Zwischendurch immer wieder prüfen, ob ausreichend Flüssigkeit im Topf ist, damit das Fleisch nicht ansetzt. Nötigenfalls noch etwas Wasser zugießen.

Schweinebraten mit Zitrusfrüchten und Ratatouille

VORBEREITUNG: 45 MINUTEN
MARINIERZEIT: 2 STUNDEN
GARZEIT: 1 STUNDE 15 MINUTEN

FÜR 6 PERSONEN

1 kg Schweinerücken ohne Knochen
3 unbehandelte Orangen
1 Pampelmuse
4 Zwiebeln
4 Knoblauchzehen
3 Zucchini
3 Auberginen
6 Tomaten
2 Lorbeerblätter
1 Zweig frischer Thymian
Olivenöl
Salz und frisch gemahlener Pfeffer

Mit einem Zestenreißer die Schale der Orangen in feinen Streifen ablösen (oder mit einem Sparschäler schälen und anschließend in feine Streifen schneiden). Den Saft der Orangen und der Pampelmuse auspressen, das Fleisch darin einlegen und im Kühlschrank 2 Stunden marinieren lassen.

Die Zwiebeln und die Knoblauchzehen schälen, die Zwiebeln in Streifen schneiden, den Knoblauch zerdrücken. Das restliche Gemüse in kleine Würfel schneiden.

In einem Schmortopf sämtliches Gemüse in Olivenöl anschwitzen, den Lorbeer und den Thymian zugeben und unbedeckt im 160 °C heißen Ofen 1 Stunde schmoren. Regelmäßig umrühren.

Inzwischen den Braten aus dem Fruchtsaft nehmen, würzen und in einem Bräter rundherum anbraten. Die Marinade mit der Orangenzeste zugeben und im Ofen 1 Stunde braten. Zwischendurch immer wieder mit dem Bratensaft übergießen. Das Fleisch kurz herausnehmen, das Gemüse hineingeben und mit dem Bratensaft verrühren. Das Fleisch wieder einsetzen und weitere 15 Minuten im Ofen braten.

Kalter Schweinebraten mit Koriander-Pampelmusen-Salat

VORBEREITUNG: 10 MINUTEN
LÄSST SICH GUT IM VORAUS ZUBEREITEN
GARZEIT: 5 STUNDEN

FÜR 6 STUNDEN

1,2 kg Nackenbraten ohne Knochen
1 Knoblauchzehe
1 TL grobes Salz
1 TL grob geschroteter Pfeffer
1 TL gemahlener Koriander
1 kg Gänseschmalz
2 Lorbeerblätter
2 Bund Koriandergrün
Saft von 1 Zitrone
2 EL Olivenöl
1 rosa Pampelmuse
1 eingelegte Zitrone (gibt es in arabischen Feinkostläden)
Frischhaltefolie

Den Knoblauch schälen und zerstoßen. Den Braten mit dem Knoblauch, dem groben Salz, Pfeffer und dem gemahlenen Koriander einreiben.

Das Gänseschmalz in einem Schmortopf oder Bräter auslassen. Den Nackenbraten einlegen und von allen Seiten anbraten. Den Lorbeer zugeben und auf kleiner Flamme 3–4 Stunden sanft braten. Den Braten etwas abkühlen lassen und mit etwas von dem Bratfett rundherum in Frischhaltefolie wickeln. Beiseite stellen.

Das Koriandergrün grob zerpflücken und mit dem Zitronensaft und dem Olivenöl vermengen.

Die Pampelmusenfilets auslösen und würfeln, die eingelegte Zitrone in Streifen schneiden. Den Braten tranchieren, anrichten und mit den Pampelmusenwürfeln, den Zitronenstreifen und dem Koriandersalat garnieren.

Schweinebacke mit gefüllten Tomaten, Fenchel und Tapenade

VORBEREITUNG: 45 MINUTEN
GARZEIT: 1 STUNDE

FÜR 6 PERSONEN

18 Schweinebacken (beim Metzger vorbestellen)
200 ml trockener Weißwein
4 Knoblauchzehen
Je 1 Bund krause und glatte Petersilie
100 g schwarze Oliven, entsteint
6 reife Tomaten
4 Fenchel
Olivenöl
Salz

Die Schweinebacken in einem Schmortopf in Olivenöl rundherum anbraten. Salzen, den Weißwein zugießen und zugedeckt auf kleiner Flamme 1 Stunde schmoren.

Den Knoblauch schälen und 2 Zehen mit der krausen Petersilie, die anderen beiden mit den schwarzen Oliven hacken. Am Stängelansatz der Tomaten einen Deckel abschneiden und das Innere herauslösen. Die Tomaten mit der Knoblauch-Petersilien-Mischung und der Hälfte der Knoblauch-Oliven-Mischung (Tapenade) füllen und mit etwas Olivenöl beträufeln. Die Deckel wieder aufsetzen und die gefüllten Tomaten im vorgeheizten Ofen bei 160 °C 20 Minuten backen.

Die Fenchelknollen putzen und vierteln. In kochendem Salzwasser 15 Minuten garen. Wenn die Schweinebacken schön zart sind, den gegarten Fenchel und die restliche Tapenade zugeben und kurz durchziehen lassen.

Auf jedem Teller eine Schweinebacke anrichten, mit Fenchel, einer gefüllten Tomate und etwas Tapenade garnieren und mit glatter Petersilie dekorieren.

Pasta mit gekochtem Schinken

VORBEREITUNG: 10 MINUTEN
GARZEIT: 10 MINUTEN

FÜR 6 PERSONEN

500 g Hörnchennudeln (oder Gabelspaghetti)
100 g magerer Speck, in Streifen geschnitten
2 Knoblauchzehen, zerdrückt
100 ml trockener Weißwein
250 ml Sahne
6 Scheiben guter Kochschinken
100 g Parmesan
6 Eigelbe
Grob geschroteter Pfeffer

Die Nudeln in reichlich kochendem Wasser garen. In einer Pfanne die Speckstreifen und den zerdrückten Knoblauch Farbe nehmen lassen. Mit dem Wein ablöschen, die Sahne zugießen und einkochen lassen, bis die Sauce sämig ist.

Den Kochschinken in Streifen schneiden, den Parmesan hobeln. Die gekochten Nudeln in die Sahnesauce rühren.

Die Nudeln mit der Sauce auf Tellern oder in Schalen anrichten. Die Schinkenstreifen und Parmesanhobel darüber verteilen und jeweils 1 Eigelb daraufsetzen. Mit geschrotetem Pfeffer bestreuen.

Schweinefilet im knusprigen Kartoffelmantel mit glasierten Möhren

VORBEREITUNG: 30 MINUTEN
GARZEIT: 30 MINUTEN

FÜR 6 PERSONEN

1,2 kg Schweinefilet (3 Mittelstücke von je 400 g)
6 große Kartoffeln
1 Bund Schnittlauch
6 Eier
24 junge Möhren mit Kraut
200 ml Kalbsfond
50 g Butter
1 EL brauner Zucker
1 Bund Petersilie
Olivenöl
Salz und frisch gemahlener Pfeffer
Frischhaltefolie

Die Filets würzen und in der Pfanne in Olivenöl rundherum braun anbraten. Die Kartoffeln schälen und reiben. Den Schnittlauch in Röllchen schneiden und mit den geriebenen Kartoffeln und den Eiern gründlich vermengen. Mit Salz und Pfeffer würzen.

Ein Drittel der Kartoffelmasse auf einem Bogen Frischhaltefolie zu einem Rechteck von der Länge der Filets ausbreiten. Ein Filet daraufplatzieren und mit der Folie fest zusammenwickeln, sodass das Fleisch rundherum von der Kartoffelmasse umschlossen ist. Mit den beiden anderen Filets in gleicher Weise verfahren. Darauf achten, dass die Folie kein Wasser durchlässt. Die Pakete in leise köchelndem Wasser 10 Minuten garen.

Die Möhren schälen, das Kraut stehen lassen. In einen Topf legen und mit dem Kalbsfond übergießen (sie sollten etwa 1 cm hoch bedeckt sein). Die Butter und den Zucker zugeben.

Die Möhren auf kleiner Flamme 20 Minuten garen, dabei regelmäßig wenden (die Sauce sollte am Ende sirupartig eingekocht und die Möhren weich und glasiert sein). Die Filets aus der Folie wickeln und in der Pfanne in etwas Olivenöl braten, bis der Kartoffelmantel goldbraun und knusprig ist. Die Petersilie mit 2 Esslöffeln Olivenöl im Mixer pürieren.

Die Möhren auf Tellern anrichten und mit etwas von ihrer Sauce überziehen. Die Filets halbieren und daraufplatzieren. Mit ein paar Tropfen Petersilienöl beträufeln und servieren.

Gebratene Schweinemedaillons mit Tiroler Speck, Auberginen und Knoblauch

VORBEREITUNG: 20 MINUTEN
GARZEIT: 20 MINUTEN

FÜR 6 PERSONEN

12 Schweinemedaillons (je 90–100 g)
18 Knoblauchzehen
3 Auberginen
6 Scheiben Tiroler Speck
200 ml trockener Weißwein
50 g kalte Butter
Olivenöl
Salz und frisch gemahlener Pfeffer

Die Knoblauchzehen schälen und in einem Schmortopf zur Hälfte mit Olivenöl bedecken. Auf ganz kleiner Flamme sanft schmoren, bis sie ganz weich sind. Beiseite stellen. Die Auberginen der Länge nach in Stäbe schneiden. In einer Pfanne etwas von dem Knoblauchöl erhitzen und die Auberginen darin braten.

In einer weiteren Pfanne etwas Olivenöl erhitzen. Die Schweinemedaillons mit Salz und Pfeffer würzen und gemeinsam mit dem Speck braten. Fleisch und Speck herausnehmen, die Pfanne mit dem Weißwein ablöschen und die Sauce einkochen lassen.

Auf jedem Teller 2 Medaillons und 1 Scheibe Speck anrichten und mit den gebratenen Auberginen und den geschmorten Knoblauchzehen garnieren. Auf kleiner Flamme rasch die kalte Butter unter die Sauce schlagen. Die Medaillons mit der Sauce überziehen und servieren.

Salbeitörtchen mit Schweinefilet und Artischocken

VORBEREITUNG: 20 MINUTEN
GARZEIT: 15 MINUTEN

FÜR 6 PERSONEN

12 Schweinemedaillons (je 80–90 g)
24 Salbeiblätter
100 ml Sonnenblumenöl
1 Ei
4 runde Filoteigblätter
6 Artischockenherzen (tiefgefroren)
Salz und frisch gemahlener Pfeffer

Die Hälfte der Salbeiblätter in kochendem Salzwasser 10 Sekunden blanchieren. Kalt abschrecken und mit dem Sonnenblumenöl im Mixer pürieren.

Das Ei verschlagen und die Filoteigblätter damit einseitig bestreichen. Die restlichen Salbeiblätter auf 2 der Teigblätter verteilen und mit den beiden anderen Teigblättern – bestrichene Seite nach unten – bedecken. In jeweils 12 gleich große Segmente schneiden.

Die aufgetauten Artischockenherzen senkrecht halbieren. Die Schweinemedaillons salzen und pfeffern. Das Fleisch und die Artischockenherzen in dem Salbeiöl wenden und grillen (alternativ können Sie sie auch in der Pfanne braten; die Artischocken sollten noch etwas Biss haben). Zur gleichen Zeit die Filoteigblätter in der Pfanne in Salbeiöl knusprig braten.

Immer abwechselnd ein Filoteigblatt, ein Artischockenherz und ein Medaillon übereinander schichten und mit etwas Salbeiöl überziehen.

Gefülltes, gebackenes Gemüse

KARTOFFELN

VORBEREITUNG: 20 MINUTEN
GARZEIT: 45 MINUTEN

FÜR 6 PERSONEN

12 große fest kochende Kartoffeln
300 g gegarter Schweinebraten
150 g geräucherter durchwachsener Speck, gewürfelt
150 g Wurstbrät
2 Zweige frischer Thymian
150 g gekochte Linsen
1 Bund Estragon, gehackt
Walnussöl
Salz und frisch gemahlener Pfeffer

Die Kartoffeln schälen und in Salzwasser bissfest kochen. Das Bratenfleisch hacken. Den Speck und das Brät in etwas Öl anbraten. Den abgezupften Thymian zugeben und mit dem Bratenfleisch und den Linsen vermengen. Den Estragon untermischen und mit Salz und Pfeffer würzen.

Von den Kartoffeln der Länge nach einen Deckel abschneiden, das Innere herauslösen und mit der Fleischmasse füllen. Den Deckel wieder aufsetzen. Mit etwas Walnussöl beträufeln und im 150 °C heißen Ofen 30 Minuten backen. Regelmäßig mit dem Öl überziehen.

TOMATEN

VORBEREITUNG: 20 MINUTEN
GARZEIT: 20 MINUTEN

FÜR 6 PERSONEN

8 schöne Tomaten
2 Knoblauchzehen, gehackt
1 TL frisch gehackter Ingwer
2 Scheiben Weißbrot ohne Rinde
100 ml Sahne
500 g gegarter Schweinebraten
1 Bund Basilikum
2 Eier
Olivenöl
Salz und frisch gemahlener Pfeffer

Den Knoblauch und den Ingwer in Olivenöl etwas Farbe nehmen lassen. Das Weißbrot in der Sahne einweichen. Das Bratenfleisch, das Basilikum und das eingeweichte, leicht ausgedrückte Brot hacken. Mit den Eiern zu einer Farce verarbeiten und mit Salz und Pfeffer würzen. 2 Tomaten würfeln und mit dem Knoblauch und Ingwer ebenfalls untermengen. Die restlichen Tomaten am Stielansatz kappen, aushöhlen und mit der Masse füllen. Den Deckel wieder aufsetzen. Im 150 °C heißen Ofen 20 Minuten backen. Regelmäßig mit dem Garsud überziehen.

ZWIEBELN

VORBEREITUNG: 20 MINUTEN
GARZEIT: 3 STUNDEN 30 MINUTEN

FÜR 6 PERSONEN

6 große gelbe Zwiebeln (Gemüsezwiebeln)
200 g Wurstbrät
300 g gegarter Schweinebraten
1 TL gemahlener Zimt
1 TL Curry
1 TL geröstete Pinienkerne
1 Bund frische Minze, gehackt
Olivenöl
Salz
Alufolie

Die Zwiebeln waschen, aber nicht schälen. Mit Olivenöl benetzen und in Alufolie einwickeln. Im 130 °C heißen Ofen 3 Stunden backen. Das Wurstbrät mit den Gewürzen vermengen und zusammen mit dem gehackten Bratenfleisch in Olivenöl anbraten. Salzen, die Pinienkerne und die Minze untermengen. Die Zwiebeln am Stielansatz kappen und aushöhlen. Das Fruchtfleisch unter die vorbereitete Farce mengen.

Die Zwiebeln mit der Farce füllen, den Deckel wieder aufsetzen und im 150 °C heißen Ofen 30 Minuten backen.

Schweinefilet mit gebackenen Tomaten und Schalotten

VORBEREITUNG: 20 MINUTEN
GARZEIT: 3 STUNDEN

FÜR 6 PERSONEN

1,2 kg Schweinefilet (3 Mittelstücke von je 400 g)
12 Tomaten
Olivenöl
Salzblüte (Fleur de sel)
6 große Schalotten
1 Bund Petersilie
1 Knoblauchzehe
Salz und frisch gemahlener Pfeffer
Pergamentpapier

Die Tomaten halbieren und die Kerne entfernen. Ein Backblech mit Pergamentpapier auslegen und die Tomaten daraufsetzen. Mit Olivenöl beträufeln und mit Salzblüte würzen. Im vorgeheizten Ofen 3 Stunden bei 100 °C backen.

Inzwischen die Schalotten in eine ofenfeste Form legen und mit Olivenöl beträufeln. Im Ofen 1 Stunde bei 100 °C backen (sie sollten sich weich anfühlen). Die Petersilie mit dem geschälten Knoblauch und 1 Esslöffel Olivenöl im Mixer pürieren. Die Schweinefilets in je 6 Scheiben schneiden, würzen und in der Pfanne braten. Kurz vor Ende der Garzeit die Petersilien-Knoblauch-Mischung zugeben.

Die gebratenen Medaillons mit den Tomaten und Schalotten anrichten und mit dem Bratensaft überziehen.

In Bier geschmorter Schweinenacken mit Spätzle

VORBEREITUNG: 10 MINUTEN
GARZEIT: 1 STUNDE 30 MINUTEN

FÜR 6 PERSONEN

1,2 kg Schweinenacken ohne Knochen
3 Schalotten
3 Knoblauchzehen
100 g geräucherter durchwachsener Speck, gewürfelt
500 ml dunkles Bier
2 Lorbeerblätter
300 g Spätzle
50 g Butter
Salz und frisch gemahlener Pfeffer

Den Braten mit Salz und Pfeffer würzen und in einem Schmortopf rundherum braun anbraten. Die Schalotten und den Knoblauch schälen und mit dem Speck dazugeben und ebenfalls kurz anbraten. Mit dem Bier ablöschen, den Lorbeer einlegen und zugedeckt auf kleiner Flamme 1 Stunde und 15 Minuten schmoren lassen. Das Fleisch regelmäßig mit dem Schmorsaft übergießen. Den Braten auf einen Rost über den Topf legen und weitere 15 Minuten bei 180 °C im Ofen Farbe nehmen lassen. Weiter regelmäßig mit der Schmorflüssigkeit übergießen, damit sich eine schöne Kruste bildet.

Die Spätzle in kochendem Wasser garen. Die Butter unter den restlichen Bratensaft schlagen. Den Bratensaft mit den Schalotten, dem Knoblauch und dem Speck unter die Spätzle mengen.

Den Braten auf einer Platte anrichten und mit den Spätzle garnieren.

Schweinecurry

VORBEREITUNG: 30 MINUTEN
GARZEIT: 1 STUNDE

FÜR 6 PERSONEN

1,2 kg Schweinenacken ohne Knochen
3 Zwiebeln
2 EL Currypulver
1 TL gemahlener Koriander
200 ml trockener Weißwein
200 ml Sahne
200 ml Kokosmilch
100 g frische Ananas
100 g Banane
100 g Äpfel
100 g enthäutete Mandeln
1 Bund frisches Koriandergrün
Olivenöl
Salz und frisch gemahlener Pfeffer

Das Fleisch in grobe Würfel schneiden. Die Zwiebeln schälen und in Streifen schneiden. Fleisch und Zwiebeln in einem Schmortopf in Olivenöl anbraten. Salzen, pfeffern und mit dem Curry und dem gemahlenen Koriander abstäuben. Alle Zutaten gut Farbe nehmen lassen.

Mit dem Weißwein ablöschen und zugedeckt auf kleiner Flamme 45 Minuten garen. Die Sahne zugießen und die Sauce 15 Minuten reduzieren. Die Hälfte der Kokosmilch unterrühren und weitere 15 Minuten köcheln lassen. Die Früchte würfeln und vorsichtig mit den Mandeln untermengen. Nochmals 5 Minuten garen.

Das Schweinecurry auf Tellern anrichten und jeweils mit etwas Kokosmilch beträufeln. Mit frischem Koriandergrün garnieren und servieren.

Schweinefilet mit gegrillten Paprika und Erdnusssauce

VORBEREITUNG: 10 MINUTEN
GARZEIT: 30 MINUTEN

FÜR 6 PERSONEN

1,2 kg Schweinefilet (3 Mittelstücke von je 400 g)
3 grüne Paprikaschoten
3 gelbe Paprikaschoten
100 g Erdnusskerne
1 Bund Koriandergrün
2 EL Currypaste
2 Knoblauchzehen
200 ml Kokosmilch
Olivenöl
Salz und frisch gemahlener Pfeffer

Die Paprikaschoten im vorgeheizten Ofen 20 Minuten bei 180 °C grillen, bis die Haut schwarz ist und Blasen wirft. Abkühlen lassen und die Haut abziehen. Die Schoten ganz lassen.

Die Erdnüsse mit dem Koriandergrün (Blätter und Stiele), der Currypaste und dem geschälten Knoblauch im Mixer pürieren. Die Paste in einem Topf rösten, damit sich die Aromen entfalten. Die Kokosmilch zugießen und unter Rühren auf die gewünschte Konsistenz einkochen lassen.

Die Schweinefilets würzen und in der Pfanne bei starker Hitze von allen Seiten je nach gewünschtem Gargrad etwa 10 Minuten braten. Inzwischen die Paprikaschoten im Ofen wieder erhitzen.

Das Fleisch mit den ganzen Paprikaschoten auf Brettern anrichten. Die Erdnusssauce separat dazureichen.

Schweineragout

VORBEREITUNG: 45 MINUTEN
GARZEIT: 1 STUNDE 15 MINUTEN

FÜR 6 PERSONEN

1,2 kg Schweinenacken ohne Knochen
1 EL Mehl
2 EL Instant-Geflügelfond
1 Zwiebel
2 Gewürznelken
1 Bouquet garni
3 Möhren
6 fest kochende Kartoffeln
200 g frische Erbsen
200 g Dicke Bohnen
Frisch gepresster Zitronensaft
Olivenöl
Salz und frisch gemahlener Pfeffer

Das Fleisch in grobe Würfel schneiden. Mit Salz und Pfeffer würzen und in einem Schmortopf in Olivenöl rundherum anbraten. Mit dem Mehl abstäuben und weitere 5 Minuten auf kleiner Flamme Farbe nehmen lassen.

Mit Wasser auffüllen (bis zur doppelten Höhe des Fleisches), den Geflügelfond, die mit den Nelken gespickte Zwiebel und das Bouquet garni zugeben und 1 Stunde auf kleiner Flamme garen. Zwischendurch regelmäßig abschäumen.

Das Gemüse putzen und in kochendem Salzwasser bissfest garen. Kalt abschrecken.

Das Fleisch herausheben, Bouquet garni und Zwiebel entfernen. Die Sahne zugießen und einkochen lassen, bis die Sauce eine sämige Konsistenz hat. Das Fleisch und das Gemüse in der Sauce behutsam wieder erhitzen.

Kurz vor dem Servieren die Sauce mit frisch gepresstem Zitronensaft abschmecken.

LE CREUSET

Schweinskarree mit grünem Pfeffer und Pissaladière

VORBEREITUNG: 45 MINUTEN
GARZEIT: 1 STUNDE 30 MINUTEN

FÜR 6 PERSONEN

1 Schweinskarree mit 6 Koteletts
6 Zwiebeln
1 Zweig Rosmarin
2 Zweige Thymian
200 g Hefeteig (Brot- oder Pizzateig)
12 in Salz eingelegte Sardellen, abgespült
20 schwarze Oliven
200 ml trockener Weißwein
1 kleines Gläschen eingelegter grüner Pfeffer
200 ml Sahne
Salz
Olivenöl
Alufolie

Das Karree etwas salzen und in einer Bratenpfanne in Olivenöl von allen Seiten braun anbraten. Etwas Wasser zugießen und im vorgeheizten Ofen 1 ½ Stunden bei 160 °C braten. Regelmäßig das verkochte Wasser ergänzen, damit das Fleisch nicht anbrennt.

Die Zwiebeln schälen und in Streifen schneiden. In einer Pfanne mit dem abgezupften Rosmarin und Thymian in Olivenöl glasig schwitzen.

Den Teig ausrollen und mit den Zwiebelstreifen, den Sardellen und der Hälfte der Oliven belegen. Den Teig 30 Minuten gehen lassen und anschließend im 200 °C heißen Ofen 15 Minuten backen.

Den fertigen Braten auf einem Teller mit Alufolie bedeckt 15 Minuten ruhen lassen. Die Bratenpfanne auf den Herd setzen und bei starker Hitze mit dem Weißwein ablöschen. Den grünen Pfeffer und die restlichen Oliven zugeben und zuletzt die Sahne zugießen. Die Sauce etwa 5 Minuten auf die gewünschte Konsistenz einkochen lassen. Das Karree tranchieren, mit der Pissaladière anrichten und mit der Sauce überziehen.

Schweinefilet mit Sauerkraut und Schalotten-Wacholder-Creme

VORBEREITUNG: 15 MINUTEN
GARZEIT: 15 MINUTEN

FÜR 6 PERSONEN

1,2 kg Schweinefilet (3 Mittelstücke von je 400 g)
1 kg gekochtes Sauerkraut
200 ml Riesling
4 Schalotten
10 Wacholderbeeren
4 cl Cognac
100 g Crème fraîche
Olivenöl zum Braten
Salz und frisch gemahlener Pfeffer

Das Sauerkraut mit der Hälfte des Rieslings auf kleiner Flamme langsam erhitzen.

Die Schalotten schälen und in Streifen schneiden, die Wacholderbeeren zerdrücken.

Die Filets würzen und in der Pfanne bei lebhafter Hitze von allen Seiten goldbraun braten. Warm stellen. In derselben Pfanne die Schalotten und die Wacholderbeeren rasch anschwitzen und anschließend mit dem Cognac flambieren. Den restlichen Riesling zugießen und 5 Minuten reduzieren. Die Crème fraiche zugeben und weitere 5 Minuten einkochen lassen.

Das Sauerkraut auf Tellern anrichten. Die Filets tranchieren und um das Sauerkraut herum drapieren. Mit der Schalotten-Wacholder-Creme überziehen.

Schweinekoteletts mit Artischocken und Röstkartoffeln

VORBEREITUNG: 30 MINUTEN
GARZEIT: 20 MINUTEN

FÜR 6 PERSONEN

6 Schweinekoteletts
12 kleine Artischocken
800 g kleine Kartoffeln (»Drillinge«)
2 Knoblauchzehen
4 Zweige Petersilie
50 g Butter
Olivenöl
Salz und frisch gemahlener Pfeffer

Die Stiele der Artischocken schälen. Die harten Außenblätter am Stielansatz abzupfen und die Spitzen der Artischocken so kappen, dass nur das Herz mit dem Stiel zurückbleibt. Dieses senkrecht halbieren und das Heu aus der Mitte herauslösen.

Die Kartoffeln sorgfältig abbürsten und in kochendem Wasser 5 Minuten blanchieren.

In einer Pfanne etwas Olivenöl erhitzen und die Artischocken auf kleiner Flamme rundherum goldgelb rösten (sie sollten am Ende schön zart sein). Die Kartoffeln ebenfalls in Olivenöl braten; den geschälten und grob gehackten Knoblauch sowie die gehackte Petersilie zugeben. Die Koteletts salzen und pfeffern und in der Butter, mit etwas Öl vermischt, braten.

Die Koteletts auf Tellern anrichten und mit den Artischocken und Kartoffeln garnieren.

Schweinekoteletts mit Saint-Marcellin und Makkaroni-Gratin

VORBEREITUNG: 20 MINUTEN
GARZEIT: 45 MINUTEN

FÜR 6 PERSONEN

6 Stielkoteletts
400 g Makkaroni
20 g Butter
20 g Mehl
500 ml Milch
1 Prise abgeriebene Muskatnuss
100 g alter Comté (ersatzweise Gruyère)
100 g Gruyère, gerieben
3 Saint-Marcellin (Weichkäse aus Rohmilch; ersatzweise würziger Camembert)
Pflanzenöl zum Braten
Salz und frisch gemahlener Pfeffer

Die Makkaroni in kochendem Wasser al dente garen. Eine Béchamel zubereiten: In einem Topf die Butter aufschäumen, das Mehl zugeben und 2 Minuten anschwitzen. Unter Rühren die kalte Milch zugießen, mit der Muskatnuss und etwas Salz würzen, zum Kochen bringen und 8 Minuten garen; dabei regelmäßig umrühren. Die Béchamel abschmecken.

Den Comté in kleine Würfel schneiden. Die gekochten Makkaroni in eine Auflaufform geben, mit den Comtéwürfeln vermengen und mit der Béchamel übergießen. Den geriebenen Gruyère darüberstreuen und im 160 °C heißen Ofen 10 Minuten überbacken.

Die Koteletts würzen und in der Pfanne braten (sie sollen eine schöne dunkelbraune Farbe haben). Auf jedes Kotelett einen halben Saint-Marcellin setzen und unter dem Backofengrill zerlaufen lassen.

Die Koteletts mit dem Saint-Marcellin auf Tellern anrichten und mit dem Makkaroni-Gratin servieren.

Schweinefilet mit Ahornsirup und Rhabarberkompott

VORBEREITUNG: 15 MINUTEN
GARZEIT: 15 MINUTEN

FÜR 6 PERSONEN

1,2 kg Schweinefilet (3 Mittelstücke von je 400 g)
6 Stangen Rhabarber
1 EL brauner Zucker
1 TL gemahlener Ingwer
30 g Butter
40 ml Portwein
2 EL Ahornsirup
50 g Haselnusskerne, gehackt
Grob geschroteter Pfeffer
Salzblüte (Fleur de sel)

Den Rhabarber schälen, in Stücke schneiden und mit einem Schuss Wasser auf kleiner Flamme erhitzen. Den Zucker, den Ingwer sowie 10 g Butter zugeben und 5 Minuten garen (der Rhabarber sollte wie bei einem Kompott zerfallen).

Die Filets würzen und in der restlichen Butter (mit etwas Öl vermengt) goldbraun braten. Einige Minuten vor Ende der Garzeit die Pfanne mit dem Portwein ablöschen, den Ahornsirup zugeben und einkochen lassen, bis die Sauce von sämiger Konsistenz ist. Dabei das Fleisch regelmäßig mit der Sauce übergießen.

Die Filets tranchieren und mit dem Rhabarberkompott anrichten. Das Fleisch mit der Sauce überziehen; das Rhabarberkompott mit den gehackten Haselnusskernen, dem geschroteten Pfeffer und etwas Salzblüte bestreuen.

Schweinefilet mit Pesto und Gemüsespaghetti

VORBEREITUNG: 20 MINUTEN
GARZEIT: 15 MINUTEN

FÜR 6 PERSONEN

1,2 kg Schweinefilet (3 Mittelstücke von je 400 g)
1 Bund Basilikum
200 ml Olivenöl
50 g Parmesan, gehobelt
20 g Pinienkerne
1 Knoblauchzehe
2 Möhren
2 Zucchini
2 Salatgurken
3 Stangen Staudensellerie
1 rote Zwiebel
Balsamico-Essig
Olivenöl
Salzblüte (Fleur de sel)

Ein Pesto zubereiten: Das abgezupfte Basilikum mit 200 ml Olivenöl, dem Parmesan, den Pinienkernen und dem geschälten Knoblauch im Mixer zu einer Paste pürieren.

Die Möhren schälen, die Zucchini, die Gurken und den Sellerie putzen. Das Gemüse mit einem Sparschäler oder einem Gemüsehobel in lange »Spaghetti« schneiden. Die rote Zwiebel schälen und in hauchdünne Streifen schneiden. Die Gemüsestreifen vermengen und mit Balsamico, Olivenöl und Salzblüte würzen.

Die Filets würzen und in der Pfanne in Olivenöl 15 Minuten von allen Seiten goldbraun braten.

Das Fleisch heiß oder kalt anrichten. Mit dem Pesto überziehen und mit den Gemüsespaghetti garnieren.

Pfannengerührtes Schweinefilet süßsauer

VORBEREITUNG: 20 MINUTEN
GARZEIT: 10 MINUTEN

FÜR 6 PERSONEN

1,2 kg Schweinefilet
1 Bund grüner Spargel
1 rote Paprikaschote
1 gelbe Paprikaschote
2 Zucchini
1 Gurke
1 rote Zwiebel
1 Bund Schnittlauch
Sonnenblumenöl
Salz und frisch gemahlener Pfeffer

FÜR DIE SAUCE

1 rote Zwiebel
2 Knoblauchzehen
50 g Zucker
50 g Ananas aus der Dose
1 EL Ketchup
1 EL Weinessig

Für die Sauce die Zwiebel und den Knoblauch schälen und mit den restlichen Zutaten im Mixer pürieren. Anschließend auf kleiner Flamme langsam erhitzen.

Den Spargel schälen, die Endstücke abschneiden. Die Stangen in ungefähr 5 cm lange Stücke schneiden. Das restliche Gemüse putzen, gegebenenfalls schälen und in dünne Scheiben schneiden. Den Schnittlauch in 1 cm lange Röllchen schneiden. Das Schweinefilet in feine Scheiben schneiden.

In einer Pfanne etwas Sonnenblumenöl erhitzen, das Fleisch hineingeben, salzen, pfeffern und bei großer Hitze rasch pfannenrühren, bis es rundherum braun ist. Sämtliches Gemüse zugeben und weitere 5 Minuten rühren (das Gemüse sollte knackig bleiben). Die vorbereitete süßsaure Sauce untermengen und nochmals 2 Minuten garen.

Mit dem Schnittlauch bestreuen und sehr heiß servieren.

Tagliatelle mit Speck und Chorizo

VORBEREITUNG: 20 MINUTEN
GARZEIT: 10 MINUTEN

FÜR 6 PERSONEN

600 g frische Tagliatelle
150 g Chorizo
150 g magerer roher Speck
150 g geräucherter durchwachsener Speck
2 Knoblauchzehen
1 Bund Basilikum
Salzblüte (Fleur de sel)

Die Chorizo und den Speck in Streifen schneiden. Den Knoblauch schälen und in Scheiben schneiden.

In einer beschichteten Pfanne den Speck und die Chorizo anschwitzen. Den Knoblauch zugeben und etwas Farbe nehmen lassen.

Die Tagliatelle al dente kochen.

Die Basilikumblätter in feine Streifen schneiden. Die abgetropften Tagliatelle zu Speck und Chorizo in die Pfanne geben und durchschwenken. Das Basilikum untermengen, mit Salzblüte würzen und servieren.

Schweinerücken in Cidre mit Gemüse und Süßkartoffeln

VORBEREITUNG: 20 MINUTEN
GARZEIT: 1 STUNDE 15 MINUTEN

FÜR 6 PERSONEN

1 kg ausgelöster Schweinerücken
600 g Süßkartoffeln
2 Zwiebeln
2 Knoblauchzehen
1 Aubergine
2 Tomaten
2 Zucchini
200 ml trockener Cidre
50 g Butter
150 ml Cidre-Essig
2 EL Zucker
Glatte Petersilie zum Garnieren
Koriandergrün zum Garnieren
Olivenöl
Salz und frisch gemahlener Pfeffer

Das Fleisch würzen und in einer Bratenpfanne in Olivenöl rundherum anbraten. Die Süßkartoffeln, Zwiebeln und Knoblauchzehen schälen. Die Zwiebeln, die Aubergine, die Tomaten und die Zucchini grob würfeln. Mit dem Knoblauch zu dem Fleisch in die Pfanne geben, kurz anschwitzen und mit dem Cidre ablöschen. Zugedeckt im vorgeheizten Ofen 1 Stunde bei 160 °C garen. Die Butter zugeben und weitere 15 Minuten garen.

Die Süßkartoffeln in kochendem Salzwasser garen (etwa 20 Minuten). Den Cidre-Essig und den Zucker in einem Topf verrühren und auf kleiner Flamme sirupartig einkochen. Die gegarten Süßkartoffeln mit einer Gabel grob zerdrücken.

Das Fleisch tranchieren und auf Tellern anrichten. Mit den zerdrückten Süßkartoffeln und dem Gemüse garnieren. Mit etwas Cidre-Sirup überziehen und mit der Petersilie und dem Koriandergrün dekorieren.

Wildes Schwein

Wildschweinterrine

VORBEREITUNG: 45 MINUTEN
MARINIERZEIT: 4 STUNDEN
GARZEIT: 3 STUNDEN

ERGIBT 500 GRAMM

600 g Wildschweinschulter
100 g magerer Speck, in Streifen geschnitten
300 g frischer Schweinebauch
400 g Schweinehals
150 g Schweineleber
100 ml Rotwein
50 ml Portwein
3 cl Armagnac
8 Wacholderbeeren
1 TL Thymian
1 TL Quatres-épices (Gewürzmischung aus Zimt, Nelke, Muskatnuss und Pfeffer)
15 g Salz
1 Prise frisch gemahlener Pfeffer
2 Schalotten
2 Knoblauchzehen

200 g der Wildschweinschulter in kleine Würfel schneiden. Mit den Speckstreifen, dem Portwein, dem Rotwein und dem Armagnac vermengen. Die Wacholderbeeren und den Thymian zugeben und 4 Stunden marinieren lassen.

Das restliche Fleisch durch die grobe Scheibe des Fleischwolfs drehen und mit den restlichen Gewürzen würzen. Die Schalotten und den Knoblauch schälen, hacken und ebenfalls unter die Farce mengen. Zuletzt das marinierte Fleisch mit der Marinade untermischen.

Die Farce in Weckgläser füllen und fest verschließen. In einen Topf stellen, mit Wasser bedecken und mit einem Gewicht beschweren. Die Terrine 3 Stunden auf kleiner Flamme garen.

Die Wildschweinterrine abkühlen lassen und vor dem Öffnen an einem trockenen Ort noch einige Tage durchziehen lassen.

Frischlingsterrine

VORBEREITUNG: 45 MINUTEN
MARINIERZEIT: 24 STUNDEN
GARZEIT: 2 STUNDEN

ERGIBT 1 TERRINE VON 1,5 KILOGRAMM

1 kg Frischlingsschulter ohne Knochen
100 g geräucherter Schweinebauch
400 g Schweinehals
2 Möhren
2 Zwiebeln
4 Gewürznelken
3 Lorbeerblätter
1 Zweig Thymian
500 ml Côtes du Rhône
20 g Salz
4 Schalotten
4 Knoblauchzehen
30 g Butter
4 Eier
1 EL Maisstärke
200 ml Sahne
Dünne Scheiben Rückenspeck für die Form

Die Hälfte der Frischlingsschulter und das Bauchfleisch in feine Streifen schneiden. Die Möhren würfeln, die Zwiebeln schälen und mit den Nelken spicken. Das Fleisch mit dem Gemüse sowie dem Lorbeer und Thymian vermengen, mit dem Rotwein übergießen und 24 Stunden marinieren lassen.

Das restliche Fleisch durch die grobe Scheibe des Wolfs drehen und mit dem Salz würzen. Die Schalotten und den Knoblauch schälen und hacken. In der Butter kurz glasig schwitzen und anschließend unter die Farce mengen.

Das Wildschweinfleisch aus der Marinade nehmen und mit den Eiern, dem Rum sowie der in der Sahne aufgelösten Speisestärke in die Farce einarbeiten.

Eine Terrinenform mit Speckscheiben auskleiden. Die Farce einfüllen, etwas andrücken und glatt streichen. Die Oberfläche mit den Lorbeerblättern und dem Thymian dekorieren. Im Wasserbad im vorgeheizten Ofen bei 120 °C zunächst unbedeckt 1 Stunde garen. Mit einem Deckel verschließen und 1 weitere Stunde garen. Abkühlen lassen und vor dem Servieren noch 24 Stunden durchziehen lassen.

Wildschweinterrine mit Trockenfrüchten und Nüssen

VORBEREITUNG: 45 MINUTEN
GARZEIT: 2 STUNDEN

ERGIBT 1 TERRINE VON 1,5 KILOGRAMM

1 kg Wildschweinschulter ohne Knochen
500 g frischer Schweinebauch
200 g fetter Speck
4 Zwiebeln
20 g Butter
5 getrocknete Pflaumen
5 getrocknete Aprikosen
20 g Salz
2 g Piment d'Espelette (gemahlener mittelscharfer Chili), ersatzweise Cayennepfeffer
2 g gemahlener Zimt
100 ml weißer Portwein
4 cl Pflaumengeist
100 ml Sahne
20 g Haselnusskerne
20 g Pistazienkerne
20 g Mandelkerne
1 Zweig Thymian
1 Zweig Rosmarin

Die Zwiebeln schälen und in Streifen schneiden. Die Butter aufschäumen und die Zwiebeln darin etwas Farbe nehmen lassen.

200 g des Wildschweinfleischs und den fetten Speck in kleine Würfel schneiden. Die getrockneten Pflaumen und Aprikosen ebenfalls fein würfeln.

Das restliche Fleisch durch die grobe Scheibe des Wolfs drehen und mit sämtlichen anderen Zutaten (außer Thymian und Rosmarin) zu einer homogenen Farce verarbeiten.

Die Farce in eine Terrinenform füllen und glatt streichen. Den Thymian und Rosmarin behutsam in die Oberfläche drücken und die Terrine im Wasserbad im 120 °C heißen Ofen 2 Stunden garen. Abkühlen lassen und vor dem Servieren an einem kühlen Ort 24 Stunden durchziehen lassen.

Wildschweinragout

VORBEREITUNG: 45 MINUTEN
GARZEIT: 1 STUNDE 30 MINUTEN

FÜR 6 PERSONEN

1 kg Wildschweinschulter ohne Knochen
2 Zwiebeln
1 EL Mehl
1 l Côtes du Rhône
3 Schalotten
2 Knoblauchzehen
1 EL dunkler Fond (Instant-Wildfond)
50 g + 20 g Butter
500 g Steinpilze
300 g Pfifferlinge
300 g gekochte Maronen (ungesüßt aus der Dose oder dem Vakuumpack)
Olivenöl
Salz und frisch gemahlener Pfeffer

Das Fleisch in 5 cm große Würfel schneiden. Die Zwiebeln schälen und in Streifen schneiden.

In einem Schmortopf etwas Olivenöl erhitzen. Das Fleisch und die Zwiebeln anbraten, würzen, mit dem Mehl abstäuben und weiter Farbe nehmen lassen. Mit dem Rotwein ablöschen. Die geschälten und halbierten Schalotten und den geschälten Knoblauch zugeben. Den Fond in 1/2 Liter Wasser auflösen und ebenfalls unterrühren. Auf kleiner Flamme 1 1/2 Stunden leise köcheln lassen, bis das Fleisch ganz zart ist.

Das Fleisch herausheben und die Sauce einkochen lassen, bis sie von sirupartiger Konsistenz ist. Dann 50 g kalte Butter unterschlagen.

In einer beschichteten Pfanne die restliche Butter aufschäumen und die Steinpilze, Pfifferlinge und Maronen bei lebhafter Hitze sautieren. Mit Salz und Pfeffer abschmecken. Das Wildschweinragout mit den Pilzen und Maronen auf einer tiefen Platte anrichten und mit der Sauce übergießen.

Wildschweinpfeffer mit Safran-Dinkel-Risotto

VORBEREITUNG: 45 MINUTEN
GARZEIT: 1 STUNDE 30 MINUTEN

FÜR 6 PERSONEN

1 kg Wildschweinschulter ohne Knochen
100 g magerer Speck, in Streifen geschnitten
2 Schalotten
3 Knoblauchzehen
1 Stange Lauch
1 l Côte du Rhône
1 Lorbeerblatt
1 Bouquet garni
1 EL dunkler Fond (Instant-Wildfond)
50 g kalte Butter
400 g Dinkel
2 Zwiebeln
200 ml Sahne
Einige Safranfäden
50 g geriebener Parmesan
Olivenöl
Salz und frisch gemahlener Pfeffer

Das Fleisch in 5 cm große Würfel schneiden. Schalotten und Knoblauch schälen, die Schalotten in Streifen schneiden. Den Lauch putzen. In einem Schmortopf etwas Olivenöl erhitzen, das Fleisch mit dem Speck anbraten und würzen. Mit dem Rotwein ablöschen. Die Schalotten, den Knoblauch, Lauch, den Lorbeer und das Bouquet garni zugeben. Den dunklen Fond in ½ Liter Wasser auflösen und zugießen. Auf kleiner Flamme 1 ½ Stunden leise köcheln lassen, bis das Fleisch zart ist. Das Fleisch herausheben (den Lauch entfernen) und die Sauce sirupartig einkochen lassen. Die kalte Butter unterschlagen.

Den Dinkel und die geschälten, gehackten Zwiebeln in einem Topf mit Wasser bedecken. Zum Kochen bringen und 45 Minuten auf kleiner Flamme köcheln lassen (bei Bedarf weiteres Wasser zugießen). Sobald der Dinkel weich ist, das Wasser auf großer Stufe verdampfen lassen. Die Sahne und den Safran zugeben und weitere 5 Minuten quellen lassen. Zuletzt den Parmesan unterrühren. Den Wildschweinpfeffer auf tiefen Tellern anrichten und in der Mitte mit dem Dinkelrisotto garnieren.

Wildschweinfilet mit Trauben in Muscat

VORBEREITUNG: 30 MINUTEN
GARZEIT: 45 MINUTEN

FÜR 6 PERSONEN

1 kg Wildschweinfilet
3 schwarze Rettiche
1 kg weiße Trauben
50 g Butter
1 TL Zucker
200 ml Muscat (oder ein anderer weißer Süßwein)
Sonnenblumenöl
Salz und frisch gemahlener Pfeffer

Die schwarzen Rettiche waschen und in feine Scheiben schneiden, die Trauben halbieren.

Die Rettichscheiben mit 10 g der Butter und dem Zucker in einen Topf geben. Mit Wasser bedecken und zum Kochen bringen. Auf kleiner Flamme köcheln lassen, bis sämtliche Flüssigkeit verdampft und der Rettich glasiert ist.

Das Wildschweinfilet salzen und pfeffern. In der Pfanne in Sonnenblumenöl von allen Seiten bei lebhafter Hitze braten. Die Trauben zugeben und 2 Minuten mitgaren. Mit dem Muscat ablöschen.

Das Filet herausheben und warm stellen. Auf kleiner Flamme die restliche Butter unter die Sauce schlagen. Das Filet schräg in hauchdünne Scheiben schneiden und mit dem glasierten Rettich und den Trauben in Muscat anrichten.

Wildschweinkoteletts mit Beeren in Rotwein

VORBEREITUNG: 10 MINUTEN
GARZEIT: 10 MINUTEN

FÜR 6 PERSONEN

6 schöne Wildschweinkoteletts
3 Äpfel (vorzugsweise Goldparmäne)
30 g Butter
2 cl Cognac
200 ml Côte du Rhône
50 ml Crème de Cassis
50 g Rote Johannisbeeren
50 g Brombeeren
50 g Himbeeren
Sonnenblumenöl
Salz und frisch gemahlener Pfeffer

Die Äpfel schälen, vierteln und Kerngehäuse entfernen. In einer Pfanne in der Butter goldbraun braten.

Die Koteletts würzen und in einer weiteren Pfanne in Sonnenblumenöl von jeder Seite 2 Minuten braten. Mit dem Cognac flambieren, den Rotwein und den Crème de Cassis zugießen und einkochen lassen.

Die Koteletts aus der Pfanne nehmen und die Butter, in der die Äpfel gebraten wurden, unter die Sauce rühren. Die restlichen Früchte hineingeben und 1 Minute garen. Auf jeden Teller 2 Apfelviertel platzieren, die Koteletts darauf anrichten und mit den Beeren und der Sauce überziehen.

Aus dem Alltag eines Schweins

Schweinsäuglein

Sauhaufen

Charakterschwein

Perlen vor die Säue werfen

Dreckschwein

Saustall

Schwein haben

saugute Freunde

... eine Sauarbeit
von Wasser wird ein Schwein nicht fett
Kaviar ist doch kein Schweinefraß
Schwein, tritt ein, bring Glück herein
auf zum Schweinekauf

Wo man Schwein hat und findet

REZEPTE A LA CARTE

ALLES SCHMECKT VOM SCHWEIN

Alles schmeckt vom Schwein

Leber

Schinken, gekocht

Schinken, roh

Schulter

Schweineklein

Speck

Schälrippchen (Spare ribs)

Wildschwein

Wurst

Bioland Bundesverband
Kaiserstr. 18
55116 Mainz
Fon: (0)6131 23979-0
Fax: (0)6131 23979-27
www.bioland.de

Herrmannsdorfer Landwerkstätten
Herrmannsdorf 7
85625 Glonn
Fon: (0)8093 9094-0
Fax: (0)8093 9094-10
www.herrmannsdorfer.de

Gourmondo GmbH
Mährisch-Schönberger-Str. 4
34613 Schwalmstadt-Trutzhain
Fon: (0)1805 468766
Fax: (0)1805 995095
www.gourmondo.de

Feinkost Hauffe
Kaufstr. 9–11
99423 Weimar
Fon: (0)3643 7794-20
Fax: (0)3643 7794-21
www.feinkostversand.de

Henning Bauck
Am Sportplatz 6
29394 Lüder
Fon: (0)5824 2346
Fax: (0)5824 985773
www.henning-bauck.de

Seifarth GmbH & Co.
Robert-Koch-Str. 19
22851 Norderstedt
Fon: (0)40 4294749-0
Fax: (0)40 4294749-20
www.seifarth.de

Tele Sales Office Ltd.
Marienplatz 2
04103 Leipzig
Fon: (0)800 0992992
Fax: (0)800 3292726
www.schinkenking.de

Jamon.de
Berensweg 22
33415 Verl
Fon: (0)5246 509255
Fax: (0)5246 1666
www.jamon.de

Spanische Bodega
Königstr. 70
58840 Plettenberg
Fon: (0)2391 148332
Fax: (0)2391 608931
www.spanische-bodega.de

Buonissimo World
Bahnhofstr. 12
73257 Köngen
Fon: (0)7024 8686-11
Fax: (0)7024 8686-12
www.buonissimo-world.de

Unser Verlagsprogramm finden Sie unter www.christian-verlag.de

Übersetzung aus dem Französischen: Helmut Ertl

Textredaktion: Silvia Rehder

Korrektur: Petra Tröger

Umschlaggestaltung, Satz und Herstellung: Carmen Marchwinski

Die Originalausgabe mit dem Titel *Cochon & Fils*
wurde erstmals 2005 im Verlag Marabout (Hachette Livre) veröffentlicht.

Autor: Stéphane Reynaud

Fotos: Marie-Pierre Morel

Illustrationen: José Reis de Matos

Die Deutsche Nationalbibliothek verzeichnet diese Publikation in der Deutschen Nationalbibliografie; detaillierte bibliografische Daten sind im Internet über http://dnb.d-nb.de abrufbar.

Printed in Spain by Gráficas Estella

ISBN 978-3-86244-014-6

Alle Angaben in diesem Werk wurden vom Autor sorgfältig recherchiert und auf den aktuellen Stand gebracht sowie vom Verlag geprüft. Für die Richtigkeit der Angaben kann jedoch keinerlei Haftung übernommen werden. Für Hinweise und Anregungen sind wir jederzeit dankbar. Bitte richten Sie diese an:

Christian Verlag

Postfach 400209

80702 München

E-Mail: lektorat@verlagshaus.de